伟人的青少年时代

列　　宁

郑春兴　主编

时代文艺出版社

图书在版编目（CIP）数据

列宁 / 郑春兴 主编. —长春：时代文艺出版社，2012.6（2023.3重印）
（伟人的青少年时代）

ISBN 978-7-5387-2755-5

Ⅰ.①列… Ⅱ.①郑… Ⅲ.①列宁（1870~1924）—生平事迹—青少年读物 Ⅳ.①A731-49

中国版本图书馆CIP数据核字（2009）第104210号

出品人 陈 琛
责任编辑 冀 洋
排版制作 初昆阳

列 宁

郑春兴 主编

出版发行 / 时代文艺出版社
地址 / 长春市福祉大路5788号 龙腾国际大厦A座15层 （130118）
总编办 / 0431-81629751 发行部 / 0431-81629758
官方微博 / weibo.com/tlapress
印刷 / 永清县晔盛亚胶印有限公司
开本 / 700mm × 1000mm 1 / 16 字数 / 122千字 印张 / 10
版次 / 2009年6月第1版 印次 / 2023年3月第9次印刷 定价 / 39.80元

图书如有印装错误 请寄回印厂调换

本书编委会

主　编： 郑春兴

副主编： 张耀军　朴景爱　辛宏志　杨　厦　张李昂　李赫男　王艳春　戚　新　孙伟国　张桂兰　于淑丽　于克敏　孙惠欣

编委会成员： （以姓氏笔画为序）

马　锋　刘　伟　李文太　杨开银　张春昊　杜　葳　李　颖　胡汉军　项　和　蒋玉容　韩国义

目 录 MULU

一只靴子

俄罗斯民族的母亲河名叫伏尔加河。

伏尔加河的河边有个城市叫辛比尔斯克。

辛比尔斯克城里有位著名的教育工作者名叫乌里扬诺夫。

乌里扬诺夫家在1870年4月22日出生的第二个男孩名叫弗拉基米尔·伊里奇。

弗拉基米尔·伊里奇长大后写文章用的笔名之一叫“列宁”。

小的时候，伊里奇和哥哥经常由父亲领着去游泳，或到伏尔加河的支流斯维亚加河，或到公共游泳池。

伊里奇特别喜欢游泳，并且练就了一身好水性。

这一年伊里奇已经八岁了，没有父亲跟着，他也可以和小伙伴们到河边游泳了。并且，他的好水性和乐于助人的精神赢得了小伙伴们的钦佩。

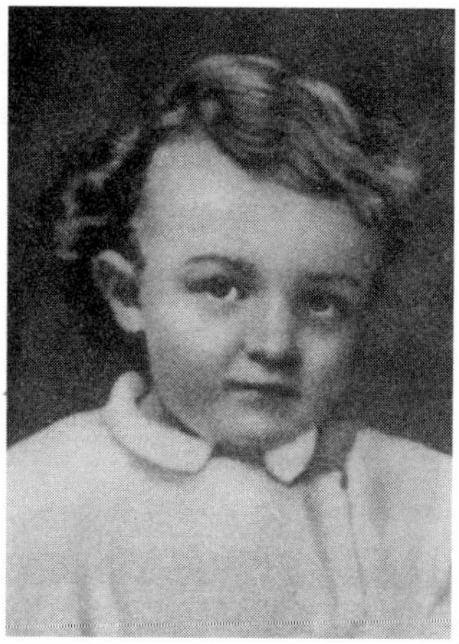

四岁时的列宁

这年夏天的一天，伊里奇和几个小伙伴到河边玩划船。

他们玩的是一条渔民丢弃在岸边的破木船，只能在河边附近划来划去。

正玩得高兴的时候，突然船板漏水了。

伊里奇和小伙伴们一边往岸边划船，一边往外泼水。

他脱下靴子，用力投掷到岸上去了，然后对别的小伙伴说：

“快把靴子脱下来扔到岸上去，不然船沉了就不好办了。”

几个小伙伴纷纷脱下靴子，有的把靴子扔到岸上，有的却放在船头上。

伊里奇说：

“靴子不能放船头上，你们没看这船要沉了吗！”

有个男孩说：

“船沉不了，我们这不正泼水吗！我的靴子是新买的，怕摔坏喽！”

可是，他的话刚说完，一块船板被冲开，河水一下子涌进船舱，船立即往河里沉下去……

伊里奇和几个小伙伴弃船游到岸边，上岸后回头一看，见还有三个小伙伴在河里游动着去抓浮在水面上的靴子。

不多时，有两个小伙伴游回岸边，手里拎着捞上来的靴子。

另一个小伙伴却在河里喊：

“喂，你们快来帮我找一找靴子，我有一只靴子不见了。”

伊里奇一边拧着自己的湿衣服，一边笑着说：

“我们才不帮你找呢，谁让你不听我的话，非把靴子放船头上！”

河里的男孩拎着一只靴子游回岸上，央求说：

“你们帮我找一找吧，我说了，我这双靴子是新买的……”

旁边一个男孩说：

“别说了，我去帮你找！”

说完，把手里的湿衣服扔在草地上，“扑通”一声就扎到河里去了。

不多会儿，男孩从河里钻出来，手里举着一块破木头，抹了下脸上的水，说：

“太难找了，差点没憋死我！”

岸上的男孩们都笑了，有的还说：

“你也没白憋呀，还捞上来一只木头靴子呢！”

可那个没了一只靴子的男孩就差没掉泪了，说：

“你们还笑，我都急死了！”

男孩们这才止住笑，纷纷进到河里，开始寻找靴子。

列宁（左）和他的妹妹

可是有的捞上来的是树根，有的是小石头，还有的是淤泥，就是没有靴子。

伊里奇并没有随这些男孩一起去打捞，而是把自己的湿衣服拧干，挂到一旁的小树上，这才回到河边，看着河里胡乱扑腾的小伙伴们，笑着说：

“你们还没找到吗？”

男孩们有的扑腾累了，还有的泄气了，纷纷回到岸上，或躺或坐在那里喘气。

河里只剩下了那个缺了一只靴子的男孩，对伊里奇说：

“伊里奇，我没有听你的话，是我的错误，可是现在你就不能帮帮我吗？你是咱们中水性最好的……”

说着流下泪来，抹了抹泪，又哭着说：

“我找不到靴子，我父亲会打我的……”

伊里奇急忙说：

“你别说了，我会帮你找的，而且一定能找到的。”

说完跳进河里，看了看位置，在沉船附近一个猛子扎了下去。

岸边的男孩们发出了欢呼，都注视着河面，期待着伊里奇能找到那只靴子。

“哗！”

伊里奇从河里猛地蹿出水面，带起水花四溅，可却两手空空。

他一边抹着脸上的水，一边大口喘着气，四下望了望，又一个猛子扎进河里。

那个缺了一只靴子的男孩怕影响伊里奇寻找，也回到岸上，和小伙伴们一起目不转睛地盯着河面。

不长时间，伊里奇却在挺远的水面上钻出头来，一边往回游，一边扫视着河面。

小伙伴们都很失望。

等伊里奇第三次扎到河里时，一个男孩对那缺了一只靴子的男孩说：

“那只靴子肯定找不到了，咱们别让伊里奇白费劲儿了！还不如咱们大家凑钱给你买一双新的，那样你父亲就不会打你了。”

旁边一个男孩说：

“这主意不错，反正也花不了多少钱。伊里奇再找下去，也怕有危险，刚才我扎猛子出来，头都晕了。”

话音刚落，伊里奇又一次钻出水面，抹着脸上的水，大口喘气。

“喂，伊里奇，你别再找了。”

一个男孩对河里的伊里奇说：

“我们说好了，凑钱再买双新靴子。”

又有一个男孩说：“瞧，天都快黑了，你再找下去也怕找不到了。”

连那个缺了一只靴子的男孩也说：

“伊里奇，我理解你的心意了，你别找了，再找会有危险的，那只靴子我不要了，别为了一只靴子让你出事啊！”

伊里奇一边在河面上扫视着，一边说：

“我相信一定能够找到，我们不能这么快就放弃啊。”

说完，像是找准了一个位置，又一个猛子扎到河里去了。

太阳渐渐地落到了河面上，红红的，像在河面上刚刚点亮的灯笼。河面上荡漾着一圈圈的涟漪，那是伊里奇刚才扎猛子时留下的。

涟漪终于扩散开去，河面上变得异常平静，就像是一大片彩色的玻璃。

还不见伊里奇出来。

男孩们都紧张地站在河边，望向河面的目光充满了担心。

“伊里奇！伊里奇！”

不知谁先忍不住喊出了声。

随之，别的男孩也跟着大声喊起来：

“伊里奇！伊里奇！”

“伊里奇！快出来吧！伊里奇！”

“伊里奇！你快出来啊！”

那个缺了一只靴子的男孩喊着，首先哭出了声。

别的男孩也跟着哭起来——他们以为伊里奇可能永远也出不来了。

“哗！”的水声响起，一个人从河里蹿出，右手高举着一只靴子，喊了一声：

“靴子找到了！”

这个人当然就是伊里奇。

而他在小伙伴的心目中已经成了一个小英雄。

摔跤比赛

伊里奇是小伙伴们心目中的小英雄，他那股从不服输的劲头，给他的表兄弟们也留下了深刻的印象。

他的表兄弟们住在喀山省拉伊舍沃县科库什基诺村，那里有伊里奇外祖父的庄园。

也是伊里奇八岁的这年夏天，他父亲携全家来到外祖父庄园避暑。

伊里奇又见到了几个淘气的表兄弟——他们是他姨母的儿子。

开始两天，他和表兄弟们玩得很好，可第三天在河边嬉戏时却发生了“冲突”。

一个表弟在打水仗时呛了水，表兄们认为是伊里奇欺负表弟。

一个表兄对伊里奇说：

“我们知道你水性好，可你敢和我摔跤吗？”

伊里奇看着比自己高一个头的表兄，有些胆怯，说：

“我不想与你打架……”

另一个表兄说：

“不是打架，是摔跤。你不敢就说不敢！哼！胆小鬼！”

伊里奇脸一下子红了，说：

“谁不敢！摔就摔！可是，为了区别打架，我们要有个裁判。”

那个叫阵的表兄笑了，说：

“怎么裁判？你说！”

伊里奇说：

“谁数一百个数爬不起来才算输。”

“行！”

那个表兄点头答应了，一指另一个表兄说：

“由你当裁判！”

于是，伊里奇和这个表兄开始了摔跤比赛。

这个表兄比他年龄大，长得又高又壮，当然力量也比他大。

一开始，伊里奇就被表兄摔倒了。

但他立即跳起来接着摔。

伊里奇在同龄的男孩中长得并不高，也不太强健，可他看上去那么有精神，有活力。在那宽阔的前额下面有一双不大的眼睛，那么锐利而明亮。

“扑通！”

伊里奇这次竟被表兄抡起来扔到了河里。

岸边立即响起表兄弟们开心的笑声。

这已经是伊里奇第四次被摔倒了，而且更惨。

伊里奇在河里挣扎着站起来，走上岸，抹着脸上的水，喘着气，看上去十分狼狈。

“伊里奇，你认输了吧？”

当裁判的表兄问伊里奇。

“不！我还没输！”

伊里奇说着脱掉湿漉漉的衣服，只剩一个兜屁股的小裤衩，身上还带着水珠。

脱完衣服，伊里奇向表兄猛地扑过去，双手紧紧地抱住表兄的腰，拼力往后推。

表兄想抓住伊里奇，可伊里奇身上光光的，还滑滑的，根本抓不住，被推撞得连连后退。

伊里奇突然脚下一绊，“扑通”的一声，表兄一个腚墩坐在地上，他实实地压在表兄身上。

伊里奇从表兄身上起来，露出胜利的微笑。

表兄慢腾腾地起来，咧着嘴，皱着眉，揉着摔疼的屁股，说：

“不行，你得穿上衣服，不然我抓不住你。”

伊里奇说：

“我衣服全湿了，怎么穿啊！”

旁边小眼睛大鼻子的表弟对表兄说：

“哥，你也脱光了，让他也抓不住你。”

表兄一拍手，笑了，说：

“对呀！”

于是也脱得剩了小裤衩，向伊里奇逼上来。

伊里奇站着没动。

表兄逼到跟前，猛地上来扑抓伊里奇，却一下子抓空了，当即一怔。

伊里奇这时已经闪到表兄身后，双手抱住表兄双腿，用肩膀猛顶表兄的屁股。

“扑通！”

表兄还未等反应过来，一下子被顶趴在地上，要不是双手及时支撑，肯定会来个狗吃屎。

列宁全家照

这下子摔得可不轻，表兄哼哼唧唧的起不来了。

裁判开始数数：

“1、2、3、4、5、6、7……”

已到一百个数了，表兄怎么挣扎也没站起来，只好认输了。

看着拿着湿衣服要走的伊里奇，表兄喊道：

“我不服你！”

伊里奇笑了笑，说：

“我服你行了吧！”

说完他就独自一人先回庄园了。

他猜测表兄弟们不会善罢甘休，一定会再想什么办法对付他。

他回到庄园后，来向哥哥萨沙求助：

“哥，我刚和表哥他们发生冲突了。”

萨沙比伊里奇大四岁，已是一个英俊少年了。看上去比伊里奇也更为成熟。他手里拿着一本书，正准备到屋外的树下读书。

听伊里奇这么一说，萨沙笑了，说：

“是你又招惹人家了吧？”

伊里奇说：

“我没有，我一直对他们很友好，可他们却欺负我。但摔跤比赛我胜了。”

萨沙说：

“快去换衣服吧，你的事情你自己处理。”

说完，头也不回地走了。

出乎伊里奇的意料，表兄弟们并未因摔跤的事嗔怪他，吃过晚饭，仍然友好地约他一同做游戏。

“玩什么啊？”

伊里奇问被他摔败的表兄，又说：

“我应该向你道歉，当然，我知道你并没怪我，因为我说了，是摔跤比赛，不是打架。”

表兄笑了，说：

“要是打架，我早揍扁你了！”

旁边大鼻子的表弟嚷起来，说：

“咱们玩捉迷藏吧。”

于是，伊里奇开始和表兄弟们屋里屋外地捉起迷藏来。

等到他一次躲藏时，他想躲到里屋沙发后面，一不小心却把沙发旁边一个花瓶碰掉在地上，“啪”地摔碎了。

他很害怕，愣了半天，才悄悄从屋里溜出来，躲到别的房间。

很快，姨母发现花瓶碎了，把他和表兄弟们叫到客厅，问：

“谁把花瓶弄碎了？”

伊里奇低下头，也不敢看姨母，心怦怦直跳。他却没勇气承认。

姨母可能看出了伊里奇的窘态，就又说：

“好了，碎就碎了吧，你们以后玩要注意点。”

离开姨母，伊里奇再也没心情与表兄弟们玩了。他默默地回到自己的房间，心里觉得很不舒服。

他想：父母一直教育自己做一个诚实的孩子，可今天自己却没承认所犯的错误。那么，姨母会不会误认为是表兄弟们弄碎的花瓶呢？

他怎么也坐不住了，急忙跑到母亲的房间，一进来就说：

“妈妈，你帮我一个忙好吗？”

母亲就放下书，说：

“怎么了？你有什么事需要我帮助啊？”

母亲名叫亚历山大罗夫娜，是个意志坚强、能够吃苦耐劳的贤妻良母。

伊里奇说：

“我刚才和表兄弟们捉迷藏，不小心碰碎了一个花瓶，可姨母问时，我没承认，我想我是不对的……”

“那么，你想让我怎么做呢？”

母亲笑着，问他，好像猜出了他的来意。

伊里奇说：

“我想请您去告诉姨母，并且请她原谅我。”

母亲把伊里奇揽在怀里，抚摸着他卷曲的头发，欣慰地笑了，说：

“好孩子！你做得对，犯了错误就要勇敢地承认，然后再改正错误。”

下　棋

伊里奇从小就喜欢下国际象棋，那时他见父亲和哥哥下棋，就好奇地在旁边看。

到六岁时，他就让哥哥教他，七岁时已经可以与父亲对弈了，只是他总是输给父亲和哥哥。

为了能战胜父兄，伊里奇时常翻阅一些有关国际象棋的书籍，研究开局和残局，这使他棋艺很有长进，也让父兄不敢小瞧他了。

伊里奇八岁这年初秋，也就是他们全家从外祖父的庄园回到家不久，他与父亲进行了一盘真正的“厮杀”。

这天快到中午时，伊里奇为了让妹妹奥丽娅去给他取面包，就逗妹妹赶马玩。

他先当赶马人，让妹妹当马，赶了一会儿，妹妹不干了，嚷着要当赶马人，让他当马。

于是，他就说：

“赶马人应该爱惜马，在马跑之前，得喂马点好吃的，比如带盐的黑面包，那马才会跑得快呢！”

他的话刚说完，弟弟德米特里突然像个猴子似的窜到他们跟前，对奥丽娅说：

“姐姐，他骗你呢！他其实是想让你去为他取面包。上次他就用这办法让我上当的。”

奥丽娅对弟弟说：

“谢谢小弟，不然我真上了他的当！”

伊里奇对弟弟揭穿他的把戏挺恼火，威胁说：

“好吧，我再也不教你下棋了。”

奥丽娅却对他说：

“你要是下棋赢了我，我就去为你取面包。”

伊里奇笑了，说：

“你知道是我手下败将，还要和我下？”

奥丽娅却说：

“我已经从大哥那儿学会对付你的办法了。”

她这么一说，也让伊里奇来了兴趣。

于是兄妹开始下棋。

奥丽娅只比伊里奇小一岁，在兄妹当中，也只有他们俩关系最好，经常在一起玩。

等走了几步后，伊里奇发现妹妹根本是骗他，不过是想让他陪她下棋，至于“我已经从大哥那儿学会对付你的办法了”，乃是她的借口。

“不许悔棋！”

列宁故居

伊里奇对妹妹再一次明确他立下的规矩。

“臭规矩！”

旁边看热闹的弟弟说，他显然偏向奥丽娅。

奥丽娅央求让她悔一步，可伊里奇就是不让。

正在僵持时，父亲来到跟前，笑着说：

“又为什么事在吵啊？”

弟弟迎上扑进父亲怀里，说：

“爸爸，快帮我二姐对付伊里奇！”

父亲抱着弟弟坐到棋盘跟前，看着棋盘上的局势，说：

“奥丽娅形势不妙啊。”

伊里奇对父亲说：

“不许支招儿！”

奥丽娅说：

“让我悔一步吧，就悔一步。”

伊里奇坚决不让悔棋，说：

“不行！不管是谁，跟我下棋就不许悔棋。”

父亲说：

“奥丽娅本来不是你对手，悔棋也没关系啊！”

伊里奇说：

“悔棋就没意思了，也惯坏了她不认真的毛病！”

“我不下了！”

奥丽娅一推棋子，站起身：

“我去叫大哥来替我出气。”

父亲叫住奥丽娅，笑着说：

“你大哥在看书，别打搅他。爸爸就不能替你出气吗？”

弟弟在父亲怀里乐得直拍手，说：

“对，爸爸，你战胜他！看他还敢不敢欺负我二姐！”

奥丽娅也对父亲说：

“爸爸，你替我赢他吧！”

伊里奇对父亲说：

“爸爸，你下也行，反正不许悔棋。”

父亲笑了，说：

“好吧，一盘决胜负！”

父子俩就开始下起棋来。

伊里奇一直为能有这样的父亲而骄傲。他也一直非常敬重自己的父亲。

父亲在本城具有一定的名望，他在喀山大学毕业时曾获物理数学候补博士学位。

父亲曾担任过奔萨贵族学院高年班级物理和数学教员，因成绩突出，后被任命为本省国民教育视察员。

正是由于父亲的突出成绩，已升为第四级文官，获得了世袭贵族称号。

父亲虽然不是一位革命者，但他是一位具有进步倾向的知识分子，厌恶沙皇的专制暴政，同情和崇敬一些革命民主主义者。

父亲对教育事业兢兢业业的忘我的工作精神，对伊里奇及兄妹影响很大，让他们领会到，事业高于一切，为事业可以牺牲一切。

父亲是和蔼可亲的，是子女们的玩伴，不仅给子女们讲故事，还陪子女们做游戏、下棋。

现在，父子俩已经在棋盘上“厮杀”得难分难解了。

父亲显然是认真了，每走一步都很慎重。

伊里奇更不敢有一丝一毫的大意，倾其所学，全力应战。

不知什么时候，大哥萨沙已站在棋盘跟前静静地观战了。

“大哥，你不许帮着伊里奇！”

旁边的奥丽娅提醒萨沙。又说：

“爸爸是为了我才要赢他的，可我知道，你俩总愿意合伙儿赢爸爸。”

萨沙对奥丽娅笑了笑，说：

“我保证不说话，但看这局势，爸爸有输没赢了。”

父亲听完却笑了，说：

“谢谢你，萨沙。你提醒了我，既然我赢不了，就干脆换子求和了。”

果然，父亲换子求和，父子俩战了个平手。

父亲对萨沙说：

“伊里奇进步很快，我这次是真没让他。”

伊里奇却仍然盯着棋盘，好像还在思索棋招，轻轻地像自言自语地说：

“我走了三步臭棋……”

父亲笑了，说：

“下棋其实就像人生，一步都不应该走错。”

父兄之死

伊里奇的童年时代是幸福快乐的，可在他中学时代的最后两年里，却接连遭受到了两次沉重的打击。

1886年1月24日，伊里奇崇敬的父亲乌里扬诺夫因脑溢血去世，享年五十五周岁。

父亲的病逝对全家的生活影响很大，这意味着全家精神和物质的两大支柱倒塌了，他们只能依靠政府发放的抚恤金度日了。

全家还没有从失去父亲的悲痛中解脱出来，又一次巨大的不幸降临了。

列宁的父亲：伊利亚·尼古拉耶维奇·乌里扬诺夫

1887年3月，伊里奇的哥哥萨沙因参加谋刺沙皇亚历山大三世事件败露而被捕——极有可能被判处死刑。

而正在彼得堡读大学的伊里奇的姐姐安娜也因谋刺事件牵连而被捕。

萨沙为什么要谋刺沙皇呢?

萨沙从小就有雄心壮志，他在中学时写的一篇作文，题目就叫《怎样才能成为对社会和国家有益的人》。

萨沙中学毕业后以优异的成绩考入了彼得堡大学数理系博物专业，由于学习刻苦，各科成绩都十分突出。

萨沙在大学三年级时，因写出一篇题

为《淡水生物分裂器官构造研究》的优秀论文而获得金质奖章，校方还决定他毕业后聘他为学校教授。

然而，萨沙却选择了另外一条艰难而危险的道路——参加民意党。

民意党是民粹派的一个分支，是由一些小资产阶级知识分子组成的秘密恐怖团体，幻想通过密谋暗杀沙皇及高官，达到推翻沙皇专制制度的目的。他们在1881年3月成功地刺死了沙皇亚历山大二世。

民粹派是一个反对沙皇制度的小资产阶级派别，它否认工人阶级是革命的领导阶级，认为由知识分子领导的农民才是革命的主力军。

于是，那些自命为“人民的精粹”的革命知识分子就到农村去，企图发动农民进行反抗沙皇制度的运动，这些人被称为“民粹派”。

在民粹派分子在农村的活动失败后，该组织“土地和自由社”就分裂为民意党和土地平分社。

萨沙被捕后，为了保护战友，他在审讯时把一切犯罪事实揽到了自己身上。他已经做好了英勇就义的准备。

萨沙和安娜被捕的消息首先是一位亲戚写信告诉了伊里奇的好友一个女教师，女教师把信再转交给伊里奇。

伊里奇看完信，泪水禁不住滚滚而下。他知道可能永远要失去亲爱的哥哥了。

哥哥是他崇拜的偶像，他经常模仿哥哥的言行，在他心里哥哥非常了不起。

他记得，他读的第一本马克思写的书《资本论》，就是哥哥放暑假从大学带回家的。

伊里奇不敢、也不能对母亲隐瞒，他把信给母亲看了。

母亲万分焦急，当天就启程赶来彼得堡，求得沙皇批准后，在4月11日，见到了狱中的大儿子萨沙。

母子一见面就抱头痛哭起来，他们都知道后果的严重。

母亲先止住哭泣，为儿子擦着泪，说：

“我的萨沙，情况也许还不是最坏，听那些官员说，只要你肯给沙皇写封悔过书，是可以获得赦免的。”

“不！妈妈！”

萨沙抓住母亲的手，摇了摇头，说：

“我写悔过书，就得讲出谋刺的所有细节，那就是对战友的出卖，会株连更多的民意党人。我怎能为了自己的苟活，而伤害别人的性命呢！”

儿子的话，让母亲无言以对，她只好不再坚持了。

1887年4月27日，法庭对萨沙等人进行审判。

母亲出席了庭审。

在法庭上，萨沙毫不畏惧，在申辩时说：

“我可以说，对整个制度的模糊感觉起源于我的少年时代。这种感觉愈来愈成为我的自觉，并增强了我的信念，而这种信念当然指导着我的行动。

“但是，只是在研究了社会学和经济学之后，这种对制度不满信念才完全在我身上巩固下来。因而我对于自由、平等、博爱的憧憬，形成了严格的科学的也就是社会主义的形式。”

萨沙认为谋刺沙皇的行动正是专制制度逼迫出来的，他说：

“恐怖手段是19世纪创造的一种斗争形式。少数人所以强大，只是由于他们具有精神上的力量，只是由于他们认识到自己比多数人要正确。

“俄国社会恰恰是处在只有同政府进行决斗它才能捍卫自己的权利这样的情况下。在俄国人民中，任何时候都能够找到十来个无限忠于自己的思想、痛切地感到自己的祖国处于灾难之中的人。对他们来说，为自己的事业而死不是什么牺牲。这样的人是任何东西都吓不倒的……”

听着儿子的慷慨陈词，母亲默默地擦着泪，但她伤心之余，也为儿子感到自豪。

法庭最后做出判决：

包括萨沙在内的五人被判处死刑，有二人被判处终身监禁，另外八人被流放到西伯利亚和萨哈林岛服苦役。

5月20日早晨，萨沙和他的战友走上了绞刑台，英勇就义，他年仅二十一岁。

获悉萨沙遇难，俄国著名化学家门捷列夫为他这位高足的不幸深感悲叹，认为俄国失去了一位杰出的科学人才。

萨沙遇难的消息传到家里，小妹玛丽亚哭喊一声“大哥”，当即昏了过去，半天才苏醒过来。母亲已经因悲伤过度而卧病在床。全家人沉浸在一片悲哀凄苦的气氛里。

惊闻噩耗的伊里奇却没有哭，泪水已经洒尽，他心中的悲痛正在化作怒火狂燃。

他一个人来到一处陡峭的山崖边，遥望波涛汹涌的伏尔加河，心中在呐喊：

“哥哥，你安息吧，我会继续你未竟的事业，投身反对沙皇专制暴政的运动！”

金质奖章

1887年6月中旬，伊里奇中学毕业了。

在他的毕业证书上的考试成绩写明，只有一门功课4分，其余十门功课都是5分。

品学兼优的他理应获得学校唯一的一枚金质奖章。

然而，他哥哥刚刚被处决，作为国事犯的弟弟，伊里奇该不该得到金质奖章，引起了学校中一些人的争议。

我们还是先来回顾一下伊里奇的学习情况吧。

记得他姐姐安娜这样评价他：

“他之所以成为优等生，除了卓越的天资外，还在于他专心致志的学习。”

伊里奇从五岁开始就学识字了。

他七八岁这两年里，父母先后为他请了三位家庭教师，他在家里学完了全部的小学课程。

在学习之余，他还读了不少书籍，因为他家中有父亲的许多藏书。他还经常去图书馆借阅各种图书和杂志。

伊里奇的聪明好学和活泼诚实，以及极高的天赋和悟力，在兄弟姐妹中显得较为突出，因此也深受父母的宠爱。

父亲希望伊里奇长大后能成为杰出的学者或教育家，因此很关心儿子的学习和思想品行的发展。他对儿子的教育，既严格，又不束缚个性。

伊里奇超人的天资和勤奋，让他获得骄人的成绩，轻松地跳过预备班，九岁时直接考入了中学。

他就读的中学就是辛比尔斯克古典中学。

从中学低年级起，伊里奇几乎每一门功课都是优秀，而且年年被评为优等生。

在第一学年结束时，他就获得了写有“品学兼优”的证书和精美奖状。

伊里奇的作文受到教语文的校长弗多尔的特别赞赏，有时竟然给了他5＋5分。

弗多尔校长与伊里奇的父亲是好朋友，不止一次对伊里奇的父亲夸奖伊里奇，说：

“我敢肯定地说，伊里奇的前途不可限量，他绝不是一般的优秀。”

伊里奇的外语也很好，有一次上拉丁文课，教师让学生们口译一段话。

第一个学生翻译到一半，就翻译不下去了。

老师叫第二个学生，这个学生站起来很干脆地说“我不会”。

等到第三个学生时，只是站在那儿低着头不吭声。

老师一连叫了十几个学生，没有一个能翻译的。

“弗拉基米尔·伊里奇，你能翻译这段话吗？”

老师终于点到伊里奇的头上。

伊里奇站起来，非常顺利地把这段话翻译了过来，而且非常准确。

老师赞许地点头，露出了微笑。

同学们也向伊里奇投去敬佩的目光。

从此以后，同学们在希腊文和拉丁文翻译时，有不懂的地方都愿意向伊里奇请教，他也有问必答，耐心地给同学们讲解。

不仅帮助同学们，伊里奇十六岁时还帮姐姐安娜辅导拉丁文，使姐姐顺利通过了高等女子学校的毕业考试。

另外，伊里奇还义务地辅导一名小学女教师学拉丁文，持续了有一年半的时间，帮那位女教师通过了中学毕业考试，升入大学学习数学。

在中学时代，伊里奇最大的生活乐趣就是读书。

他涉猎的知识范围很广泛，特别喜爱阅读古典文学名著和诗歌。

他最愿意读普希金、莱蒙托夫、托尔斯泰、谢德林、涅克拉索夫、萨尔梯柯夫，果戈理、屠格涅夫等俄罗斯优秀作家的文学作品。

有一次他问一位同学：

“你读过果戈理的《死魂灵》吗？”

同学摇了摇头。

他又问：

“普希金的诗《叶甫盖尼·奥涅金》呢？”

同学说：

“我不太喜欢诗……”

他笑了，说：

“你一定读过屠格涅夫的《烟》吧？”

“哦，读过……”

同学有点勉强地回答。

他又问：

“你读过短篇小说《李特文诺夫》吗？”

同学回答：“没有。”

伊里奇笑了笑，说：

“我想我们没办法谈读书的事了。”

他没有揭穿这位同学的谎言，因为“李特文诺夫”是《烟》里的人物，而不是短篇小说。

伊里奇还喜欢读俄国革命民主主义者别林斯基、赫尔岑、车尔尼雪夫斯基和杜勃罗留波夫等人的论著——这多少受他哥哥的影响，因为这些论著能够激发人们反对沙皇专制制度的革命信念。

这些革命书籍对伊里奇的影响，加上他对现状的强烈不满，使一种反抗的思想终于不可抑制地在他的作文中流露了出来。

就在他哥哥被捕后不久，他写了一篇题为《人民生活富裕的原因》的作文。在作文中批评了俄国的社会制度，并指出了社会中的阶级压迫。

尽管校长弗多尔是位思想开明人士，可看了伊里奇的这篇作文还是吓了一跳。

他立即把伊里奇叫到校长办公室，关上门，说：

"你知道你差点闯祸吗？"

拿出那篇作文在伊里奇眼前晃了晃，又说：

"你瞧你都写了些什么！你写这些东西你哥哥就能减刑？难道你就用这办法表示你对你哥哥的同情？你知道吗？你只能引火烧身！"

伊里奇说：

"我写的是真实的现实状况。我亲眼看到喀山省科库什基诺村农民悲惨的生活，他们甚至偷偷地在电线杆子上贴出'杀死沙皇'的标语……"

"可是这些与你有什么相干！"

十七岁的列宁

弗多尔校长严厉地打断他的话，又说：

"记住我的话，不要走你哥哥的路！作为你父亲的好朋友，我有责任提醒你，我不希望你也把自己毁掉！"

伊里奇离开之后，弗多尔校长悄悄地烧掉了那篇作文。

他不想让人发现，给这个极有前途的学生带来麻烦。

然而，伊里奇哥哥的事还是影响到伊里奇，学校里关于该不该奖励他金质奖章发生争议。

弗多尔校长力排众议，他主持召开了校务会议，决定把全校唯一的一枚金质奖章授予伊里奇。

弗多尔校长知道，这枚珍贵的金质奖章将是伊里奇走进大学校园的通行证。

伊里奇从此带着这枚金质奖章，告别了中学时代，像一只雏鹰开始振翅高飞，飞向那更为辽阔的天空。

开除学籍

1887年8月10日，中学毕业的伊里奇向喀山大学提交了入学申请书。

8月25日，喀山大学正式录取伊里奇为该校法律系学生。

接到消息后，伊里奇立即前往学校领到了渴望已久的学生证。

母亲在伊里奇领到学生证后，终于痛下决心，卖掉了房产和家具，然后携全家一同迁到了离喀山四十俄里的科库什基诺村，住进了她父亲留下了庄园。

母亲做出这个决定，主要有两个原因：

一是不放心伊里奇，她怕伊里奇重走大儿子萨沙的路，她了解伊里奇，有时比萨沙还激进。

二是大儿子被处决，在辛比尔斯克已被传得纷纷扬扬，母亲不愿听到任何有关大儿子的议论，就想换个居住环境。

伊里奇入学之后，一下子就选修了许多课程，开始了在知识的海洋中搏击遨游。

在紧张的学习时，伊里奇也学会了吸烟，这与他有时苦闷的心情及环境影响有关，因为大部分学生都吸烟。

母亲是医生的女儿，知道吸烟对健康有害。

她于是就劝儿子，说：

“伊里奇，你不应该吸烟……”

伊里奇以为母亲担心他健康，就说：

“妈妈，我想吸烟对我的健康害处不大。”

母亲叹了口气，说：

“可是我们的经济不允许。你知道，我们只靠你父亲的抚恤金生活，必须省吃俭用，你买烟的钱给全家用，不好吗！”

伊里奇点了点头，说：

“知道了，妈妈，我从今天开始再也不吸烟了。”

从此，伊里奇一直未再吸烟。

伊里奇一边刻苦学习，一边也在关注着俄国政治的风云变幻。

他入学一个月后，就参加了一个革命学生小组，并成为萨马拉——辛比尔斯克同乡会中的活跃分子。

他知道自己这么做是很危险的，因为学校章程中规定：参加同乡会的学生被开除学籍。而且在谋刺沙皇事件后，大学设立了学监，政府对学校采取了严密的恐怖统治。

事情也真凑巧：1887年11月底，伊里奇上大学才三个多月，莫斯科就发生了学潮，很快波及其他大城市。

12月13日，莫斯科大学的学生代表来到喀山大学搞串联，并召开了学生代表会议。伊里奇作为同乡会代表参加会议，听取了莫斯科学生代表关于11月学潮情况的报告。

这次会议通过了《告喀山全体大学生书》，并确定：12月16日为学生运动日。

12月16日，大学生们纷纷来到喀山大学礼堂，参加集会。

伊里奇和其他几名同学第一批涌入会场，他站在人群的最前面，激动地和周围的同学谈论时局。

这次学生集会的目的是向学校当局提出：

一是要废除1884年大学生章程，其中有一条就是不准组织同乡会，否则予以开除学籍。

二是要废除1887年7月1日国民教育部长颁布的一个规定，规定中禁止车夫、仆役、厨师、洗衣工人、小商贩以及此类人等的子女进入完全中学和初级中学。

三是要求允许建立学生组织，恢复被开除的学生的学籍，惩办镇压学潮的魁首。

下午4时，集会结束，伊里奇带头把自己的学生证退还给学校当局，以示抗议。

然而，出乎学生们的意料，就在集会的当天夜里，警察突然袭击，逮捕了伊里奇等几名为首的学生，把他们关进了牢房。

伊里奇知道，他们最轻是被开除学籍，最重就可能被判刑。当有个同学问他以后的打算时，他平静而坚决地说：

“在我面前只有一条路了，那就是进行革命斗争。”

伊里奇和这几位同学被捕的第二天，学校当局就宣布开除他们的学籍。

随后不长时间，他们又遭到了被流放的厄运。

经过母亲的多方奔走，再三请求，伊里奇被流放到喀山省科库什基诺村——就是他家居住的所在地。

伊里奇“回家”不久，他姐姐安娜也回到了家——她因受哥哥萨沙牵连而被流放西伯利亚，经母亲申请，改判流放这个村子。

姐弟要接受当地警察的监控。

伊里奇一家就住在外祖父留下的庄园里，以前他们家经常来这里避暑，现在外祖父早去世了，姨母一家也搬到别处去了，他们一家却成了这空空荡荡庄园的主人。

这座庄园位于乌申河的岸边。这里地广人稀，庄园周围全是一眼望不到边的荒野和农田。特别是到了冬天，一片白雪皑皑，西北风怒号，冻得那些野狼不时发出阴森恐怖的嗥叫。

残酷的命运和恶劣的环境都未能使伊里奇屈服。

他开始了刻苦攻读，勤奋思考，不断充实增长自己的学识才华，准备迎接未来真正的战斗。

他开始时读的是已故姨夫的藏书和旧报刊，然后又经常冒着严寒去喀山图书馆借书，并订了好几份报刊。

他经常阅读的报纸杂志有《同时代人》《俄罗斯言论》《欧洲通报》《祖国纪事》《俄国财富》等。

他更加对俄国革命民主主义作家的书籍感兴趣，只车尔尼雪夫斯基的

《怎么办》一书，他就连续读了五遍。

伊里奇后来回忆说，在他的一生中，读书最多的时候就是放逐喀山乡下这一年，简直是从早到晚手不释卷。

1888年9月，伊里奇和母亲、弟弟德米特里获准迁居到喀山第一山街的奥尔洛夫住宅。他们在这所住宅里租了一幢独立的房子。

也就是迁居到这座房子后，伊里奇开始系统地研读马克思的《资本论》第一卷。

他研读得简单入了迷，每逢姐姐安娜来看他们时，他都要对姐姐讲解马克思学说的基本原理，他边说边做着手势，表情信心十足，使他的话很有感染力。

这一时期，伊里奇除认真系统地研究马克思和恩格斯的著作外，还研究俄国马克思主义奠基人普列汉诺夫的著作，以及英国古典政治学家李嘉图和英国资产阶级历史学家布克尔的著作。

这年秋天，伊里奇参加了费多谢耶夫组织的一个马克思主义小组，开始从事革命活动。

费多谢耶夫是俄国第一批马克思主义者之一，也是俄国第一批马克思主义小组的组织者和领导者之一。

遗憾的是伊里奇参加小组时，费多谢耶夫暂时不在喀山，未能亲临教导。

伊里奇经常出席小组召开的会议，参加对一些报告的研究讨论。

这年冬天，他还拜访了女民意党人切特维尔哥。虽然他反对民意党人进行恐怖的斗争策略，可也赞赏他们不怕死的革命斗争精神。

切特维尔哥得知他是萨沙的弟弟，对他非常热情和亲近，向他传授如何与警察和暗探周旋的地下斗争艺术。

也就在这年的年底，频繁参加小组活动的伊里奇被暗探盯上了。

迁居萨马拉

萨马拉是一片大草原，荒凉而寒冷。这里有牧民也有农民，牧民都住在帐篷里，农民则聚居在一个个孤零零的小村落里。

这些小村落彼此相距甚远，所以每个小村落都显得那样偏僻而凄凉。

1889年5月，伊里奇一家从喀山迁移到萨马拉阿拉卡也夫村居住，他们在这里买了一处小田庄。

伊里奇的母亲做出这样的决定，只有一个原因：保护伊里奇。

当她得知伊里奇被暗探盯上之后，认为远离喀山是最好的逃避办法。

多亏伊里奇举家迁居萨马拉，就在他们迁离喀山不到两个月，费多谢耶夫和他的马克思主义小组成员被捕，而伊里奇却逃过一劫。

伊里奇随家迁居萨马拉之后，他仍然要接受警察的监控，因为流放期未满。

但这个阿拉卡也夫村太偏僻，连警察也不愿意常来，却成了伊里奇读书、学习和思考的“世外桃源”。

伊里奇一家迁居萨马拉一年后，经过他母亲的再三请求，国民教育司准许伊里奇以校外生资格参加大学毕业考试。

这对全家都是个好消息。

伊里奇立即放下手头正读的书，开始全力以赴地复习功课，他要力争和喀山大学的老同学们同时拿到毕业文凭。

为了保证他集中精力学习，兄弟姐妹尽量不去打扰他，只是妹妹奥丽娅有时去找他补习外语。

夏天的晚上，母亲为了不让蚊子飞进他的房间，就在门廊里点一盏灯，让姐妹和弟弟在灯下看书。

1891年3月，伊里奇获准到彼得堡大学参加法律系课程考试。

他从4月到11月，先后参加了以下课程的考试：

俄国法历史；国家法；政治经济学；统计学；法学通论；法哲学史；罗马法历史；法学；刑法；刑事诉讼；民法；民事诉讼；商法；商事诉讼；警察法；财政法；教会法；国际法。

考试结果：伊里奇各门课程成绩均获优秀——是当年校外生中分数最高的优秀生。

而他自学完大学四年的全部课程只用了一年半的时间。

全家人为伊里奇考出好成绩而高兴，可同时又共同承受了一次巨大打击。

伊里奇的妹妹奥丽娅于1891年5月20日病逝了。

奥丽娅和伊里奇关系最好，像哥哥一样聪明。她十八岁就掌握了德语、法语、英语和瑞典语。

她读过很多书，特别爱好数学。

她钢琴弹得很好，歌唱得也委婉动听。

伊里奇喜欢与奥丽娅共同唱《我们的海洋空荡荡》等歌曲。

伊里奇特别欣赏《我们的海洋空荡荡》的歌词；生动表达了革命者勇往直前的英雄气概。

奥丽娅1890年夏天去彼得堡高等女子学校读书。伊里奇在彼得堡考试期间经常去看望她。

1891年4月末，奥丽娅突然得了肠伤寒症。伊里奇立即把她送进了医院治疗，并按时去看望和陪护她。

开始奥丽娅病情有所好转，伊里奇给母亲打电报说医生认为，结果有望良好，不必牵挂。

然而到5月中旬，奥丽娅病情突然加重，于5月20日不治而逝。

埋葬了妹妹之后，伊里奇陪同母亲回到了萨马拉。然后，又立即返回彼得堡忙着把试考完。

他为了回家陪伴母亲，考完试未在彼得堡多逗留，而是匆匆返回了萨马拉。

1892年1月，伊里奇如愿以偿，领到了彼得堡学区管理处颁发的彼得堡大学法律系的甲等毕业证书。

获得大学的学位，是伊里奇在萨马拉期间的最大收获。另外，他还学会了几种外语，特别是德语，为他继续研究马克思和恩格斯的原著创造了条件。

伊里奇领到大学毕业证书不久，他的棋友、律师哈登向萨马拉地区法院提出报告，请求批准伊里奇注册为他的助理。

很快，报告被批准了。

同年3月，伊里奇走马上任，成为哈登的律师助理。这年，他二十二岁。

渡河事件

二十二岁的伊里奇已经是个成熟的男子汉了：他身材不很高大，却很结实。宽阔的大脑门显出他的与众不同。嘴唇上面刚刚长出一些胡须，而下巴上的胡须已经有那么一小绺了。他眼睛不大，却很有神；常常紧抿着的嘴角上挂着一丝冷峻。

伊里奇当上律师助理后，他经常为贫苦的农民辩护，这完全是因为他对沙皇专制的痛恨和对人民的热爱。

他替贫苦的农民打官司，并不是为了钱，而是为了伸张正义。

由于他经常为农民打赢官司，在农民中已经获得很高的威信。农民们都愿意亲近他，并对他说出心里话。

1892年5月的一天，伊里奇和姐夫叶里札罗夫一起去塞兹兰县别斯图热夫卡村，看望姐夫在那里务农的哥哥。

去那里，他们要摆渡到伏尔加河左岸去，等他们来到河边却找不到一条小船。

一打听才知道，这个渡口的经营权已经被塞兹兰县的富商阿烈菲耶夫买断了。

这个富商用一条轮船拖着一条驳船为行人、马匹、车辆摆渡，由于只他一家，收费也就相当高。

这个富商还十分霸道，一旦发现有小船擅自摆渡，就让轮船追上去，强令乘客坐轮船，还要殴打船夫。

伊里奇听完十分气愤，对姐夫说：

“今天咱们就坐小船过河，我看他们能把咱们怎么样！”

他姐夫也不愿意等轮船，就说：

“那就坐小船吧，反正轮船也没时候开。”

于是，他们就找到一只小船，让船夫把他们摆渡过去。

“不行不行，真不行！”

船夫一个劲儿摇头，显出害怕的样子。

伊里奇就说：

“是不行，还是你不敢？”

船夫说：

“当然是不敢！我可惹不起他们！”

他姐夫说：

“有我们你怕什么！”

船夫说：

“你们可以一拍屁股走了，我留下来就倒霉了。再说，我们还没到对岸，轮船就会追上我们，把小船硬拉回去，何必白费劲儿呢！”

他姐夫说：

“你还不认识他吧？”

说着一指伊里奇，又说：

“他就是萨马拉地区法院的律师助理弗拉基米尔·伊里奇·乌里扬诺夫。他专门替农民打官司，你应该相信我们根本不怕那帮臭混蛋！”

船夫一听，眼睛顿时亮了，对伊里奇笑着说：

“我听过你的大名，都说你是位了不起的大律师，专门为老百姓伸张正义。好吧，我送你们过去，而且我一分钱也不要你们的。”

伊里奇和姐夫就上了小船。

小船刚离岸，突然传来那富商的喊声：

“喂，那是谁呀？你的小船不想要了吗！快点给我划回来，他们应该坐我的轮船。”

船夫朝富商喊：

“他们是我的熟人，我总不能让自己的熟人去花船钱吧。”

嘴里喊着，双手划得更快，小船已经离岸挺远。

可是小船还没到河心，那艘轮船就响着汽笛快速地追上来。

船夫有些慌乱，说：

“果然追来了！”

伊里奇镇定地说：

“他们没有权利这样做！如果他们强迫我们回去，他们就会因这种不法行为而坐牢！”

船夫也不划了，叹了口气，说：

“他们已经多次这么干了，谁也没跟他们打官司。都知道这个富商在塞兹兰有钱有势，谁也斗不过他。”

轮船很快就追上了小船，几个水手用带钩的长篙把小船钩在轮船的舷上，并喊喝着让乘客到轮船上去。

伊里奇说：

“你们这么做是违法的，虽然你们租了渡口，却无权阻挡乘客坐别的船！”

船长冷笑着说：

“我们只知道听船主的命令，违法不违法你们跟他说去！”

说完，指挥轮船返航，拖着小船回到了码头。

那个富商好像余怒未消，过来要打船夫，让伊里奇给拦住了。

伊里奇说：

“是我们让他摆渡的，不关他的事。我是萨马拉地区法院律师乌里扬诺夫，我会对今天这起渡河事件控告你的！”

“哈哈哈哈！”

富商一听，突然咧开大嘴笑起来，笑完，指着伊里奇说：

“你控告吧，我奉陪到底！”

这天，伊里奇和姐夫还是坐轮船到了对岸，但他已经记下了小船船夫和其他证人的名字。

伊里奇回到萨马拉没几天，他就向法院控告富商阿烈菲耶夫的不法行为。

案子是在离萨马拉一百公里以外的塞兹兰县二区行政长官审理，由于富商买通了官吏，审理案件一拖再拖。

伊里奇为此案跑了两趟，也没结果。

这年冬天第三次开庭，为此伊里奇要深夜去车站等车，而且又赶上一个非常寒冷的天气。

母亲很心疼他，就说：

“你还是别管那个案子了，他们还会想办法拖延审理，你再怎么吃苦受累也怕没结果啊。”

伊里奇说：

“放心吧，妈妈，这次他们再拖不下去了。可我一定要坚持到底！”

果然，这一次进行了开庭审理。在法庭上，伊里奇据法力争，使地方行政长官不得不判富商监禁一个月，判船长监禁一周。

消息传出，人们拍手称快。

伊里奇的声誉又提高了不少。

而伊里奇当然不满足成为一名好律师，他有自己的志向：他要对付的决不仅是一个富商和一个贪官污吏，而是罪恶的沙皇专制暴政。

“原来是你”

彼得堡是俄国的首都，也是俄国政治文化的中心。

在彼得堡有几个马克思主义小组，小组成员的主要活动是在先进工人中间宣传马克思主义理论。

彼得堡的先进工人以地区相分成立了许多工人小组，在这些工人小组的领导人中，有个叫舍尔古诺夫的较为有名。

1894年夏天的一个中午，舍尔古诺夫找到克尼亚泽夫，说：

“你们不是很想听课吗？我向你们推荐一位非常出色的同志，今天晚上他就去为你们讲课。”

克尼亚泽夫是几个工人小组的负责人，如果按组织原则讲是舍尔古诺夫的下一级。他一听有出色的讲师为他们讲课，立即高兴地说：

“好吧，我这就去准备，晚上让讲师到我家来吧。”

临走，又回头问：

“那讲师叫什么名字？”

舍尔古诺夫说：

“尼古拉·彼得罗维奇。”

这天晚上，克尼亚泽夫把五个工人小组的代表召集到自己家里，说：

“舍尔古诺夫说了，这次要给我们派一个最出色的讲师来。”

一个代表说：

“上次那个讲师还说挺好呢，可我听来听去就是听不明白。”

又一个代表笑了，说：

“那个讲师老是瞎转词儿，讲的都是套话。”

正在他们谈笑间，到了约定的时间。

“砰！砰！砰！”

有人敲响了房门。

克尼亚泽夫急忙去打开门，见门外站着一个年轻人，二十多岁的样子，一顶便帽已经盖住了眉毛，在帽檐下闪动着一双锐利而有神的小眼睛。

“请问，克尼亚泽夫住在这里吗？”年轻人问。

克尼亚泽夫说：

“我就是，你是哪位？”

年轻人回答：

“我叫尼古拉·彼得罗维奇。是舍尔古诺夫介绍我来的。”

克尼亚泽夫闪身让进年轻人，又关好门，他心中有些失望，说：

“就是你来给我们讲课？”

“是的，人都到齐了吗？”

年轻人说着，脱下大衣，放到椅子的靠背上。

克尼亚泽夫说：

“都到齐了，可以讲课了。”

又对几个流露出失望神情的代表说：

“这位就是舍尔古诺夫给我们推荐的讲师，尼古拉·彼得罗维奇，先让他为我们讲课，讲完咱们再与他一一认识。”

年轻人在克尼亚泽夫说完，就坐到那把椅子上开始讲课。

他讲课的中心内容是：工人阶级是一股无坚不摧的巨大力量，只要掌握了知识，团结起来，去进行斗争，就能摆脱被奴役、被压迫的命运，成为国家的主人。

与别的讲师不同，年轻人讲话简单明白，许多深奥的大道理经他一说就变成了家

二十七岁的列宁

常白话，让人觉得又亲切，又生动。

等年轻人说到关键时刻，就站了起来，抓下头上的帽子握在手里，有力地挥动着，使他的演讲充满了震撼力和感染力。

包括克尼亚泽夫在内的所有听众都被年轻人精彩的演讲“俘虏”了，入迷地听着，眼睛都直了。

不知不觉两个多小时过去了，年轻人结束了他的演讲。直到年轻人离去，几个听众还沉浸在激动之中。

“讲得太好了！好像在我心里打开了一扇窗子！”一个代表大声称赞。

另一个代表说：

“是啊，听人家讲的，多明白，多过瘾！”

又有一个代表说：

“我听一宿都听不够！只是时间太短了！”

克尼亚泽夫笑着说：

“争取下次我们再邀请他来给咱们讲课！说实在话，开始我还真没瞧得起他，现在，你想不服人家行吗？人家讲得就是好！”

一个代表说：

“他叫什么来的？我们要记住他的名字，不管他在哪儿演讲，我们都要去听！”

克尼亚泽夫说：

“大家记住了，他叫尼古拉·彼得罗维奇。”

几天后，克尼亚泽夫专门去找舍尔古诺夫，说：

“我来的目的，是代表我们工人小组，想请尼古拉·彼得罗维奇给我们讲课。我们这次要扩大听众规模，大约有二百多人。”

舍尔古诺夫笑了笑，说：

“看来你们得排到下个月了……”

“为什么？”克尼亚泽夫问了一句。

舍尔古诺夫说：

“彼得罗维奇非常忙，许多小组都在邀请他讲课，他的确是我们见过的最出色的讲师。”

克尼亚泽夫仍不甘心，说：

“那他给别的小组讲课我们可不可以去听呢？多远的路都没关系。”

舍尔古诺夫想了想，说：

“那要看条件是否允许。如果可以，我会通知你们的。”

此后，克尼亚泽夫一直没机会再聆听彼得罗维奇精彩的演讲。

这一天，他为继承祖母的遗产，来到哥萨克胡同找一位律师——朋友告诉他，这位律师收费低，并且乐于助人。

他找到律师的家，开门的是女房东，告诉他律师不在家，不过可以允许他等待。

克尼亚泽夫就进了律师的房间，一看这房里摆设，他知道这一定是个穷困潦倒的律师。

室内有一个铁床，一张写字台外加四把椅子，靠墙角有个五抽屉橱柜。

他刚在一把椅子上坐下，一个男人开门进来，说：

“很抱歉，让您久等了。”

说着，男人脱下大衣放到铁床上，在写字台后面的椅子上坐下来，摘下头上的便帽。

克尼亚泽夫定睛细看这男人，惊喜地叫出声：

“原来是你！”

他认出这男人正是那位年轻的、出色的讲师尼古拉·彼得罗维奇。

“你原来是个律师啊。”

克尼亚泽夫笑着说，他仍然为能“巧遇”上这位讲师而兴奋。

律师笑了，说：

“我是律师。‘尼古拉·彼得罗维奇’是我的化名，这也是革命斗争的需要。”

克尼亚泽夫急不可待地说：

“能把你的真名告诉我们吗？我们非常崇拜你的演讲！”

律师说：“我叫弗拉基米尔·伊里奇·乌里扬诺夫。”

批民粹派

伊里奇不是在萨马拉吗，什么时候来到了彼得堡呢?

伊里奇在萨马拉的确不错：他一面从事律师的职业，一面进行革命活动。

他还组织成立了萨马拉第一个马克思主义小组，他把《共产党宣言》一书译成了俄文，在小组开会时进行宣讲。

伊里奇还经常去拜访老民意党人，向他们学习秘密斗争的经验。

但是，萨马拉地广人稀，工业不发达，工业无产阶级人数很少，缺少发动革命斗争的条件。

伊里奇终于下定决心到彼得堡去施展自己的宏图大略。

1893年9月，因为伊里奇的弟弟德米特里要去读莫斯科大学，他们全家便迁居莫斯科了。

在伊里奇看来，同彼得堡比，莫斯科仍是大村镇，他仍然决定独自一人去彼得堡闯一闯。

就这样，他在1893年9月末就来到了彼得堡。通过朋友的介绍信，很快与彼得堡的马克思主义者们建立了密切的联系。

他以渊博深厚的学识，饱满旺盛的革命热情及充满激情富有强烈感染力的演讲很快赢得了人们的敬佩。

他最先接触的是彼得堡工艺学院学生组成的马克思主义小组。

参加小组后，他创造性地提出成立中心小组，中心小组的每位成员分别领导一个或几个小组，各小组再分布到各个工厂，这样一来就有效地扩大了宣传面。

1893年深秋，伊里奇第一次会见了工人小组的领导人之一舍尔古诺夫，两人一见如故，非常谈得来。

也正是通过舍尔古诺夫推荐，他才到克尼亚泽夫那里讲课。

到1894年冬天，伊里奇来彼得堡已经一年多了，他以自己的真正实力赢得了人们的拥护，成为马克思主义者中的精神领袖。

在他之前，彼得堡的革命宣传活动仅仅局限于在小范围的工人研究小组内部；他来后情势发生了根本性的变化，变成了根据群众要求进行广泛的宣传鼓动。

伊里奇另外的非凡的表现，就是对民粹派的批判和对“合法马克思主义”的斗争。

在萨马拉时，伊里奇就认识到民粹主义思想的危害性，为了批判民粹派，他下工夫研读了自由主义民粹派思想家沃龙佐夫的著作《俄国资本主义的命运》、自由主义民粹派思想家和经济学家丹尼尔逊的著作《俄国的经济发展》、《俄国革命后的社会经济概况》及赞同自由主义民粹派观点的经济学家卡雷舍夫的著作《农民非分地的租佃》。

对民粹主义思想的研究和清算是伊里奇在萨马拉时期理论研究的一项重要成就。

由于他精通民粹主义思想，在批驳时就能击中要害。

在萨马拉时，他就成功地摧垮了四个具有民粹倾向的革命小组，并把当中骨干成员吸收到他成立的马克思主义小组中来。

到彼得堡后，他逐渐发现，民粹派已经由小资产阶级的代言人变成了富农的卫道士，并放弃了反对沙皇制度的斗争。这样一来，革命民主主义的民粹派就堕落成为自由主义的民粹派了。

伊里奇认为，民粹派已经是马克思主义的死敌，到了非批判不可的时候了。

伊里奇对民粹派第一次“开炮”，是在彼得堡工艺学院马克思主义小组的一次会议上。

当时，他针对一个叫克拉辛的人做的名为《市场问题》报告，发表了长篇讲演。

这次讲演非常成功，甚至连挨批的克拉辛本人也不得不佩服伊里奇的学识和口才。有个听众甚至激动地大喊出声：

“伊里奇，你是我们的领袖，你是我们的理论家！我们热爱你！我们愿意跟随你一同前进！”

伊里奇把这次讲演的内容后来整理成文章，名为《论所谓市场问题》。

这篇文章表明，伊里奇已经成了当时公认的马克思主义理论权威。

伊里奇对民粹派第二次“开炮”是在莫斯科一次大学生聚会上。

这是一次秘密会议，会上被邀请的俄国著名的经济学家和自由主义民粹派思想家沃龙佐夫首先进行演讲。

沃龙佐夫是一位老练的演说家，加上一些民粹派分子的捧场，使他的讲话受到了不少人的欢迎。

沃龙佐夫演讲的主要内容是宣扬俄国没有发展资本主义的条件的陈旧观点，并美化农村的村社，鼓吹与沙皇制度妥协。

沃龙佐夫讲完，也有几个学生站起来驳斥他的观点，却因理论水平所限和缺乏经验被沃龙佐夫驳得无言以对。

正当主持人要宣布散会时，伊里奇站了起来，胸有成竹地与沃龙佐夫展开了面对面的辩论。

沃龙佐夫反驳时咄咄逼人，但伊里奇毫不慌乱，引经据典，把自己的观点阐述得条理清楚，而且逻辑性很强，让对方无懈可击。

趁沃龙佐夫一停顿时，他立即开始精彩的演说，滔滔不绝……

沃龙佐夫没等伊里奇说完就灰溜溜地走了。

伊里奇的演讲在热烈的掌声中结束。

经过他的辩论、演讲，原来信仰自由主义民粹派观点的人也接受了马克思主义。

伊里奇这次击败沃龙佐夫，是因为他对沃龙佐夫的著作看得透，又对马克思的著作学得精。

为了系统地批判自由主义民粹派，伊里奇于1894年写了《什么是“人民之友”以及他们如何攻击社会民主主义者》一书。

在书中伊里奇一针见血地指出：90年代民粹派冒充是“人民之友”，实际是人民之敌。真正的“人民之友”不是民粹派，而马克思主义者。

在这部书中，伊里奇阐明了俄国无产阶级的先进性、革命性及其历史使命，明确了俄国马克思主义者在现阶段的革命任务，指出工人阶级和被压迫阶级的代表是革命斗争中的当然领袖。

这部著作是俄国马克思主义者的第一篇宣言，它出版后受到了国内外俄国社会民主主义者的欢迎。

这部著作也使伊里奇确立了在俄国马克思主义者中不可撼动的地位，他身上所散发出来的巨大的政治力量和理论力量，让人们欢欣鼓舞。

在批判民粹派的同时，伊里奇也对俄国最早的修正主义——“合法马克思主义”展开斗争。

他除了在会议上辩论、演讲进行口头批判，还写了《民粹主义的经济内容及其在司徒卢威先生的书中受到的批评》一文，批判了“合法马克思主义者”理论家司徒卢威的《俄国经济发展问题的评述》一书中的错误观点。

结识普列汉诺夫

1895年3月初，在彼得堡召开了彼得堡、莫斯科、基辅和维尔诺社会民主主义小组联席会议。

参加会议的只有五个人，可以说全是首脑人物：伊里奇、克尔日札诺夫斯基、利亚霍夫斯基、斯庞蒂、格里申。

会议讨论的议题有：

一是把原来在狭小范围内进行的马克思主义宣传转变为群众性政治鼓动；二是为工人出版革命通俗读物；三是同流亡国外的以普列汉诺夫为首的“劳动解放社”取得联系。关于第三项议题，伊里奇指出了它的意义：一是为了加强俄国国内外社会主义民主主义者的联系；二是加强国外马克思主义宣传与国内工人运动的结合；三是为建立俄国无产阶级政党创造条件；四是为了让世界无产阶级和人民群众了解俄国无产阶级的革命斗争。

会议最后决定派两名代表出国与“劳动解放社”建立联系：彼得堡的代表是伊里奇，莫斯科的代表是斯庞蒂。

本来定妥伊里奇与斯庞蒂一同出国，可3月下旬伊里奇得了肺炎，卧病在床，斯庞蒂只好自己先出国了。

斯庞蒂来到日内瓦，拜会了普列汉诺夫和阿克雪里罗得等人。双方未达成任何具体协议，他只是向“劳动解放社”转交了一笔用于出版书籍的款项，就回来了。

可以说，斯庞蒂的出访未能获得预期效果。

5月7日，伊里奇病好后，以治疗肺炎为名启程出国。

他来到日内瓦后，通过熟人安排，在一个咖啡馆见到了仰慕已久的普列汉诺夫。

普列汉诺夫已经三十九岁了，有点秃脑门，但没有伊里奇秃得厉害。留着连鬓胡子，修理得很整齐，嘴唇上面的胡子很长，几乎盖住了整个嘴巴。他的目光有几分傲慢，但笑容却是真诚的。

伊里奇对普列汉诺夫恭敬地说：

“我是您的崇拜者，您的许多著作我都拜读过。特别是刚刚出版的《论一元历史观之发展》一书，写得真是好极了。”

普列汉诺夫笑了笑，说：“你的那本批民粹派的论著我也看了，我跟他们讲，这是我看过的国内最有力量的著作。很不错，而且你又这么年轻，写得这么有深度，真不容易啊。”

伊里奇知道普列汉诺夫指的是那本《什么是“人民之友”以及他们如何攻击社会民主主义者》，就说：“可能斯庞蒂同志已经跟您讲了，我们希望与你们联合出版一些工人的革命通俗读物，由国内提供稿件和资金，你们负责编辑出版。”

普列汉诺夫说：“斯庞蒂同志已经讲了，不过就一些具体问题他说等您来再商谈。”

他们正在交谈，伊里奇突然意识到有一个顾客在偷听他们的谈话，就说：

“我们已经被人盯上了，应该换个地方。”

普列汉诺夫低声说：

“我们先离开这里，下次见面地点和时间我会通知你的。”

第二天下午，他们来到了阿克雪里罗得的家里会面。

这次会面，两个人亲切地交流了国内外革命活动的情况和经验，商讨了有关俄国革命的许多问题。

后来，他们又转移到日内瓦湖畔蒙特勒市近郊的一个小村子，在一起食宿，在没人监视的情况下，无拘无束地谈论各种问题。

经过几次交谈，伊里奇对“劳动解放社”有了全面深刻的了解。

普列汉诺夫对会谈很满意，后来在给亲友的信中谈到伊里奇给他留下的深刻而良好的印象。

他在给司徒卢威的信里说，他在国外多年，俄国有不少人到他这里来过，但却没有一个人像伊里奇这样给他带来这么大的希望。他很欣赏伊里奇惊人的学识、完备的革命世界观和用之不尽的精力。

他给另外一个朋友的信中还说，伊里奇是一代青年革命家的杰出代表人物，他的理论素养以及对俄国现实情况的熟悉远远地胜过他周围的所有的人。

获知普列汉诺夫对伊里奇的评价后，深知普列汉诺夫为人的克尔日札诺夫斯基颇有感慨，只因他知道普列汉诺夫一生从不轻易给人以好评。

在伊里奇和普列汉诺夫的交谈中，也不是没有分歧。

例如，伊里奇认为在反抗沙皇专制制度的革命斗争中，无产阶级是领导力量，农民则是它的主要同盟者，工农联盟才是革命取得胜利的重要保障。

而普列汉诺夫则认为，农民对革命起不了多大作用，自由的资产阶级是革命的动力，主张无产阶级应当与自由资产阶级结成联盟。

他们谁也没说服谁，便转移了话题——避免不愉快的辩论。

但双方在大部分问题上的观点还是一致的。

会谈的具体成果是出版工人革命通俗读物一事，双方达成了协议，决定出版一个不定期的刊物《工作者》。

9月7日，伊里奇越过国境线，回到俄国。

这次出国，除了拜访普列汉诺夫等人外，他还在巴黎逗留了近一个半月，结识了法国和国际工人运动的著名活动家、马克思的学生和女婿拉法格。

伊里奇还考察了法国的工人运动，并阅读了弗郎赛著的《1871年巴黎公社运动的研究》一书，做了详细的摘抄。

在回国途中，他又在柏林做了短暂的停留。去普鲁士国立图书馆阅览室研读马克思主义著作，去了解德国工人阶级的状况和工人运动的情况，还出席了德国社会民主党和工人的两次集会。

他还拜访了马克思的朋友、德国社会民主党老资格的领导人李卜克内西。

他原来想去伦敦拜访恩格斯，但得知老人已经身患重病，就未前往。

当得知恩格斯8月5日病逝后，他悲痛万分，在柏林写了题为《弗里德里希·恩格斯》的悼念文章，登载在《工作者》第一、二期合刊上。

他在文章中说："因恩格斯的逝世，俄国的革命者失去了一位最好的朋友。马克思和恩格斯都清楚地看到，俄国政治革命对于西欧的工人运动将会有巨大的意义。"

爱情悄然来临

伊里奇从国外回到彼得堡，受到了当地各个工人小组和马克思主义者们的热烈欢迎。几个领导人为他举行了一个小型的欢迎宴会，参加宴会的只有一个女子，她就是星期日工人夜校的代表克鲁普斯卡娅。

克鲁普斯卡娅此时年方二十六岁，身材修长，肌肤白皙，一双明亮的大眼睛闪烁着青春的热情。她总是穿着素雅，从不施脂粉，娴静中透出一种自然的高雅。

她出身彼得堡一个贵族世家，由于心性善良，对贫苦人民充满同情，在1889年就参加了马克思主义小组。从1891年9月起在斯摩棱斯克星期日工人夜校教书。她在那里教书没有任何报酬。

她是星期日工人夜校的第一位马克思主义教师。过了一年，她把三位志同道合的女朋友也介绍来当教师。

克鲁普斯卡娅第一次与伊里奇相识是在1894年2月末谢肉节那天，他们都出席一次马克思主义者的集会。

在见到伊里奇之前，她早就听说过有这么一位天才的才华出众的青年讲师，并读了伊里奇写的《论所谓市场问题》一文，为文章中严密的逻辑性，充分的论证和精彩的文字所折服。

在这次集会上，伊里奇只是即席发表了简短讲话，但他的非凡谈吐和洒脱的举止给克鲁普斯卡娅留下了深刻印象。

后来，伊里奇又应邀到星期日夜校发表过两次讲演，还参加过星期日夜校召开的女教师会议。

她和伊里奇熟悉后，有一次伊里奇向她讲述了他哥哥悲壮就义的故事，以及他的家庭和他慈爱的母亲。

在欢迎伊里奇的宴会上，克鲁普斯卡娅自始至终也没多说话，她专注地倾听伊里奇讲述在国外的经历，甚至连一个字都不想漏掉。

在宴会结束后，人们纷纷要离去时，伊里奇才抽空来到克鲁普斯卡娅跟前，把手里的一本书递给她说：

“也没给你买什么礼物，这本普列汉诺夫写的《论一元历史观之发展》送给你吧。”

克鲁普斯卡娅急忙接过书，说：

“谢谢！这就是最好的礼物。”

在伊里奇回到彼得堡的第三天晚上，他正在哥萨克胡同租的房里看书，突然响起急促的敲门声。

伊里奇打开门，见门外站着一脸惊慌的克鲁普斯卡娅，他让她进来，关好门，正想问她。

她急切地说：

“伊里奇同志，你被暗探盯上了。我有个堂妹在住址询问所工作，她刚刚来告诉我，有一个暗探去她那里查询你的住处，还夸口说找到了你的踪迹，已经把你监控了起来。刚才我来，果然发现了两个可疑的人在外面转来转去，你不能在这里住了。”

列宁的妻子克鲁普斯卡娅

她一口气把这些说完，盯着伊里奇的目光，充满了关切与担心。

伊里奇却很镇静，想了想，说：

“今晚看来他们不会有什么举动，明天我想办法摆脱他们。”

“不行！”

克鲁普斯卡娅急忙说：

“你不能大意，必须今晚就离开这里，否则随时有被捕的危险！”

看见伊里奇的大衣，又说：

“我一会儿穿上你的大衣先走，把暗探引开，你随后走，到我家先躲藏几天。这里的东西过几天我来帮你运走。”

她说得非常坚决，几乎是不容置疑的。

伊里奇说：

“那我就去克尔日札诺夫斯基的家吧。你有时间把这些书籍给我送来就行了，文稿我一会儿随身带走，家具什么的卖不掉就送人吧。”

这天夜晚，克鲁普斯卡娅成功地引开监视的暗探，伊里奇安然离去。

几天后，伊里奇在克尔日札诺夫斯基的住宅，主持召开了彼得堡马克思主义小组和马尔托夫小组的联席会议。

会议讨论了把各个马克思主义小组合并为一个社会民主主义组织的问题。

这是伊里奇为筹建无产阶级政党迈出的第一步。

伊里奇在会上提议，为了领导好即将成立的这个组织，要成立一个中心小组。

在推选中心小组成员时，伊里奇获一致通过。另外的成员还有马尔托夫，克尔日札诺夫斯基、斯塔尔科夫、瓦涅也夫等人。

1895年10月27日，彼得堡市由多个马克思主义小组合并成的社会民主主义组织正式成立，命名为“工人阶级解放斗争协会。”

这个“协会”就是俄国无产阶级政党的萌芽。

11月初，在“工人阶级解放斗争协会”的领导下，彼得堡的托伦顿工厂的五百名工人开始罢工。

伊里奇决定为罢工的工人们写一份名为《告托伦顿工厂男女工人》的传单，可是感到资料不足。

他找到了克鲁普斯卡娅，说：

“我想请你改扮成女工，去托伦顿工厂做一次调查，了解到工人们的愿望及要求，以便把我的传单写得更为充实。”

克鲁普斯卡娅二话没说，和星期日夜校另一位女教师扮成女工，就去了工厂。

很快，她们把掌握的大量宝贵的第一手材料送到了伊里奇手上。这份材料使伊里奇写的传单在社会上产生的巨大的影响，在11月下旬，彼得堡“拉弗尔姆”制烟厂也举行了罢工。

工人们的革命热情被充分地鼓动起来了，为了在工人中间广泛地宣传马克思主义理论，“协会”决定尽快出版革命的报刊。

11月末，伊里奇主持召开了“协会”中心小组成员会议。会议通过决议，决定尽快筹备出版秘密机关刊物《工人事业报》。

伊里奇主张把报纸办成“罢工斗争同反专制制度的革命运动结合起来”的报纸。

他亲自为报纸写了题为《告俄国工人》的社论，又写出《我们的大臣们在想些什么》《1895年雅罗斯拉夫里的罢工》等文章。并亲自编辑了该报创刊号的全部稿件。

这一天，正在伊里奇为找不到一家可靠的印刷所而犯愁时，克鲁普斯卡娅来到了他的住处。

“我知道你在为什么事伤脑筋。”她微笑着对他说。

伊里奇现出愉快的样子——他再焦虑、不安和苦闷，见到克鲁普斯卡娅总是感到很愉快。

他笑了笑，说：

“你是为了帮助我才来的吗？”

克鲁普斯卡娅说：

“不帮助你就不能来见你吗？比如……向你请教什么问题，或者借书看……”

伊里奇被她俏皮的回答又逗笑了，说：

“当然，我随时欢迎你来，你应该感觉到了，你的到来让我感到十分愉快。”

克鲁普斯卡娅脸微微一红，急忙说到正题：

“我来想告诉你，有一个人愿意帮咱们联系秘密印刷所。这个人叫莉迪娅，以前她是民粹派的，现在和我们站在一起了，她担心我们仍然歧视她，有些顾虑。”

伊里奇说：

“为什么要歧视她呢？她放弃了错误的观念，肯接受马克思主义思想，就应该成为我们的同志，告诉她，我第一个欢迎她加入我们的队伍！”

莉迪娅很快进入了星期日工人夜校，和克鲁普斯卡娅一同工作，并且为“协会”联系了拉赫特秘密印刷所。她后来成为一名坚定的布尔什维克。

印刷所联系好之后，1895年12月18日，以伊里奇为首的“协会”中心领导小组召开会议，讨论即将付印的《工人事业报》创刊号的印刷和发行问题。

创刊号有两份原稿，一份放在瓦涅也夫手里做最后一次审阅，然后拿去付印。为了不暴露伊里奇的笔迹，这份原稿是经别人抄写的。

会后，伊里奇派人把克鲁普斯卡娅叫到他的住处。

还没等伊里奇开口，克鲁普斯卡娅从提兜里取出一件毛衣，说：

“也没时间给你织，只好买了一件，你穿一下试试，如果不合身我好去换。”

伊里奇并未感到有什么意外，他似乎觉得这是顺理成章的事。

在购物方面，他是个外行，以前所穿的衣服通常是母亲和姐姐给他买。在母亲和姐姐眼里，他是个长不大的需要照顾的大男孩。

现在，多了一位女性给他买衣服了。他只是觉得心中暖暖的，甜甜的。

他很高兴试穿毛衣，非常合身，就说：

“我先不脱了，咱们说正事吧。”

说着拿起一沓文稿，又说：

“这是创刊号另一份原稿，你替我保存吧。”

克鲁普斯卡娅说：

“你自己保存不更好吗？”

伊里奇说：

“我不知什么时候会被捕……”

克鲁普斯卡娅接过文稿，又说：

“你就这么相信我？”

伊里奇笑了，说：

“连你我都不相信，我还能相信谁呢？”

克鲁普斯卡娅脸略略一红，说：

“你放心吧，我会像保护我生命一样保护它。”

说着，避开伊里奇灼热的目光，又说：

“没别的事，我回去了。”

伊里奇忙说：

“让我送送你吧。”

“不！”克鲁普斯卡娅摇了摇头，说：

“你还是少出门的好！你知道吗，你的安危已不是你一个人的事了。”

说完，转身走了。

伊里奇怔在那里，摸了摸秃脑门，自语道：“我的安危已不是一个人的事了？”

旋即，他露出幸福的微笑：原来爱情已悄然来临了。

《工人事业报》创刊号还未来得及问世，在12月20日深夜至21日凌晨，伊里奇和“协会”的大部分战友先后被捕了。

警察在逮捕瓦涅也夫时，搜查到了即将付印的《工人事业报》创刊号原稿。

而另一份原稿，由于伊里奇转移给克鲁普斯卡娅而幸免被查获。

吃“墨水瓶”

被捕后，伊里奇由于是主犯，被关在彼得堡拘留所第193号单人牢房里。

按照拘留所的规定，亲友每周可探监两次。一次是星期一，单独会见半小时；另一次是星期四，时间是一个小时，为一般性会见，只能隔着铁栏说话，并有两个看守在场监视。

伊里奇被关进来后，第一个星期一来探望他的就是克鲁普斯卡娅。

一见到伊里奇，克鲁普斯卡娅的眼圈就红了，她在强忍着泪水。

伊里奇知道会见只有半个小时，没空儿说废话，就直接说正事：

“狱外的战友都好吗？”

克鲁普斯卡娅说：

“扎波罗热茨、克尔日札诺夫斯基、斯塔科夫、瓦涅也夫、马尔托夫都被捕了。创刊号原稿瓦涅也夫那份被警察查获，我那份我转移到中学时的同学……”

伊里奇打手势让克鲁普斯卡娅停止说下去，他又说：

“非常好，你也要做好被捕的准备。现在形势很严峻。”

克鲁普斯卡娅说：

“我们该怎么办？”

伊里奇说：

“让没被捕的同志先避一避。你立即去莫斯科，找到我姐姐安娜，让她买一只和我从国外带回来的一样的箱子。因为我在审讯时说皮箱放在莫斯科家里了。而我那只皮箱的夹层里有重要文件不能落到他们手里。”

克鲁普斯卡娅点头说：

“我知道了。”

伊里奇又说：

“从现在开始你就担负起狱中与外面联系的重任吧，我们虽然被捕了，但决不会放弃斗争！”

伊里奇已经做好长期坐牢的准备。

他决定在狱中写作《俄国资本主义的发展》一书，并给好友西尔文写信，让西尔文到莫斯科家里按他列的清单为他搜集所需书籍。

在他列的书籍清单里，有些书籍是专门为与狱外联系而准备的。

伊里奇创造了十分独特的与亲友进行联系的方法。一种办法是在书刊上就某一行字，用黑点与短线标出一些字母，并用事先约定的记号标出写有秘密书信中的报刊页码，找出从狱中送出的有关报刊一读便知。

另一种办法，是用牛奶当墨水把文稿或书信写在报刊的空白处或字行中间，只要用火一烤或热水一烫，字迹就会清楚地显现出来。

为了防止暴露，书写时把牛奶放在用面包制成的“墨水瓶”里，一旦被看守发现，立即把“墨水瓶”吞吃下去。

1895，年列宁由于内奸告密而被捕，这张照片摄于这期间

有一天，伊里奇正用牛奶在写密信，看守突然开门走进牢房，说：

“你在写什么呢？让我看看。”

伊里奇没有回答，而是镇定地把“墨水瓶”放在嘴里，开始吃起来。

看守惊愕地睁大了眼睛，问：

“你怎么吃墨水瓶？”

伊里奇说：

“这是面包，不是墨水瓶。”

看守眨巴几下眼睛，满脸狐疑地走了。

也不知道看守想与他作对，还是怀疑了他，这一天检查了他六次，让他吞吃了六个“墨水瓶”。

伊里奇还经常用事先约定好的暗号，利用放风的机会，与狱中的战友交谈。

一次他用暗号告诉克尔日札诺夫斯基，被捕的拉德琴柯就在克尔日札诺夫斯基的楼下。

克尔日札诺夫斯基立即通过楼上楼下暖气管的空隙与拉德琴柯进行了联系，并统一了口供。

伊里奇还用敲打墙壁的暗号与隔壁的战友交谈，他总是能想出一些巧妙的办法和狱中的战友进行联系。

这得益于他从民意党人那里学来的经验，而有的根本是他的首创之举。

他的鼓励和革命热情，为狱中的战友带来了温暖和斗争的信心。

克尔日札诺夫斯基后来回忆说：

“关于我们同弗拉基米尔·伊里奇在狱中频繁通信的内容，我现在已经回忆不起来了，但有一点是记得很清楚的：每次收到他的信，读完之后，等于服了一种特别有效的强身提神的饮料，这就是说，精神立刻就振作起来了。

“这个人拥有巨大的精神财富，善于用适当的方式从必要的方面去影响缺少这种财富的其他人的情绪。单是这些品质，就使他在任何情况下，特别是在监狱里，成为一个无法代替的人。”

在克鲁普斯卡娅去莫斯科家里通风报信之后，伊里奇的姐姐安娜和小妹玛丽娅及母亲就常来探望他。

安娜一般选择星期四来，虽然有看守在侧，可她与伊里奇谈话时经常混杂进外语，看守听不懂外语，只好干瞪眼。

监狱还允许亲人每周给列宁送三次饭，送两次书。

送饭由看守检查。

送书由拘留所附近的法院检察官检查。

监狱的环境十分恶劣，警察想方设法折磨这些被捕的革命者。扎波罗热茨坐牢不到一年，精神就失常了。

瓦涅也夫得了严重的肺结核病，流放到西伯利亚不久，就惨死在那里。

伊里奇也被折磨得面黄肌瘦，他还患了胃病。母亲根据医生的意见，给他调理了膳食：坚持每周送三次饭，克鲁普斯卡娅也千方百计给他送进治胃病的药片。

冬天到了，牢房里非常寒冷，伊里奇常常在半夜冻得醒来。

他为了对付寒冷，创造了奇特的体操：连续行五十个鞠躬礼，每次手要碰地，而双腿不能弯曲。

在这样的恶劣环境里，他仍然坚持看书和写作。

他除了写作《俄国资本主义的发展》，还写了《社会民主党纲领草案》——他已经想好，把“工人阶级解放斗争协会”变成“社会民主党”了。

此外他还写了《社会民主党纲领说明》《论罢工》以及《告沙皇政府》《纪念五·一》等传单。

伊里奇在狱中写的文稿，一般都转交给克鲁普斯卡娅显影，誊写。

他给克鲁普斯卡娅写了一个密码便条，请她在每天放风的时候，到拘留所前面的街上，站在一个地方，以便他能够从走廊的一个窗子看她一会儿。

克鲁普斯卡娅每次准时都来，站在那里，她知道伊里奇在窗内看她，可她却看不见窗子里的伊里奇。

有一天外面下雪了，克鲁普斯卡娅仍然冒雪赶来，就那么站在寒风和大雪里。可她的心是温暖的，只因她知道在那个窗子后面，有一双属于她的眼睛。

流 放

俄国的西伯利亚广漠、荒凉而又寒冷，这里几乎成了俄国革命者的坟墓，不知道有多少被流放的革命者惨死在这里。

1897年2月25日，沙皇政府向伊里奇宣读了把他流放西伯利亚三年的命令。

由于他母亲的奔走请求，伊里奇获准自费乘车前往西伯利亚——这样可以免除在遣送途中吃苦受罪。

这样一来，就使伊里奇有三天准备启程的时间。

在这三天里，他召集“工人阶级解放斗争协会”的会员开了两次会议，对会员中的“经济派”进行了坚决的斗争。

所谓的“经济派”，就是反对建立政党，主张建立工人基金会，组织工人为改善劳动条件和生活条件而进行经济斗争。

“经济派”要走的道路，正是马克思和恩格斯批判过的英国工联主义的道路。

3月7日下午2时30分，伊里奇由母亲、姐姐、妹妹和姐夫的陪同下坐火车前往西伯利亚。

火车到达图拉站，四位亲人下了车。

在亲人含泪的目光里，火车载着伊里奇继续向前。

这是死亡之旅吗？

不，这是伊里奇去开辟新的战场。

因为他是战士，他走到哪里，就会在哪里战斗。

3月16日，伊里奇到达了克拉斯诺·亚尔斯克。

他要在这里滞留，等待当局指定具体的流放地点。

至少要等到河道积冰融化才可坐轮船前往西伯利亚。

4月16日，他在车站接到了后一批流放来的战友：瓦涅也夫、克尔日札诺夫斯基、马尔托夫、斯塔科夫。

漫长的等待，让伊里奇有了空闲，他就去一家私人图书馆读书。

意外的，他得知费多谢耶夫也在这里等待流放，便装扮成马车夫，到费多谢耶夫劳动的库房，见到了费多谢耶夫。

费多谢耶夫是喀山马克思主义小组的领导人，是最先影响伊里奇走上革命道路的老革命家。

这次见到费多谢耶夫，终于让伊里奇得偿夙愿。

终于，伊里奇等到了当局的指令：

他的流放地点是叶尼塞省米努辛斯克州的舒申斯克村。

克尔日札诺夫斯基和斯塔科夫与他是一个州，在另一个村子。

所以，他们三人得以一同乘船前往米努辛斯克州。

轮船走了一个星期才到米努辛斯克州，他们三人分别由宪兵押着前往两个村子。

5月18日，伊里奇来到舒申斯克村。

这个村子真是偏僻又荒凉，村庄六百俄里之外才有铁路。

村子很大，尘土很多，几条街道非常脏，到处堆满了牲口粪。

村边有一条小河，很浅，它的水源是村庄一里之外的叶尼塞河的支流，如果那条支流不涨水，这条小河就没多少水。

伊里奇的住房很简陋，室内有一张木床，一个桌子和四把椅子——这些当然全是旧的。

他的全部生活费用是每个月八个卢布的津贴。

好在他不在乎食品，只在意精神食粮。尽管钱不够，他还是订了一份《俄罗斯新闻》。

他来之前，村里没有一个人订报纸，因为邮件在路上要走十多天，“新闻”已变成“旧闻”了。

1897年，列宁被流放到舒申斯克村

在这个村子里还流放着两个工人，伊里奇很快与他们交上了朋友。

他还发挥自己当过律师的专长，为村里的农民提供法律援助，很快得到了村民的友谊和敬重。

让伊里奇惊喜的事情，在他来到这村子一年后终于发生了。

1898年5月19日，克鲁普斯卡娅同她母亲一起来到了舒申斯克村。

“你……怎么来了？”

伊里奇见到克鲁普斯卡娅，真是震动、激动加感动，一向口才极好的他竟一时口吃了。

“她是来和你结婚的。”

克鲁普斯卡娅的母亲代替女儿平静地回答。

原来，1896年11月，克鲁普斯卡娅第二次被捕后，与伊里奇关在同一个拘留所，他们通过探监的亲友彼此秘密通信。

当伊里奇获知要被流放时，给克鲁普斯卡娅写了一封求婚信。

他却未接到对方的复信。

在他动身来西伯利亚之前，去探视克鲁普斯卡娅，并向她道别。

他再一次提到求婚，问道：

“你考虑得怎么样了？可以做我的妻子吗？”

克鲁普斯卡娅爽快地说：

“那好吧，做妻子就做妻子吧。”

1898年3月，一个被关在监狱里的女学生不堪宪兵侮辱，身浇煤油自焚。事件震动了社会各界，为了安抚舆论，政府当局把克鲁普斯卡娅等九名女政治犯流放。

原判克鲁普斯卡娅流放乌发省三年，她立即写信申请到西伯利亚舒申斯克村，理由是要嫁给流放在那里的伊里奇。

4月中旬她的申请得到批准，她立即和母亲赶来，行程一个多月，终于与心上人团聚了。

她给心上人带来许多书籍，还有一个让心上人读书用的有绿色灯罩的灯。

另外，她还给心上人带来一个好消息：

1898年3月，俄国一些社会民主主义组织在明斯克举行了第一次代表大会，宣告成立俄国“社会民主工党”。

克鲁普斯卡娅对这个“好消息”以后的情况就不知道了——因为她在狱中信息毕竟有限。

这次大会不能算是一次成功的大会，因为没有统一党纲，只有一个宣言并选出三名中央委员。而且会后不久，参加大会的九位代表中的八人和三名中央委员中的两人全部被捕了。

因此，这次代表大会未能把各地分散的马克思主义小组组织成为一个统一的政党。

但这个好消息，还是让伊里奇兴奋了挺长时间。

1898年7月22日，伊里奇和克鲁普斯卡娅终于在教堂举行了结婚仪式。

虽然他们都不信教，但在当时只有履行宗教手续的婚姻才被认为是合法的。

证婚人是两位优秀的村民，他们也是伊里奇的好朋友。

婚后，他们以每月四个卢布的房租租了两间宽敞的房子，开始了幸福美满的生活。

《火星报》

就在伊里奇与克鲁普斯卡娅结婚的这个月，流放到一个荒僻村庄的费多谢耶夫不堪迫害和贫困，愤而自杀。

他在自杀前，把全部手稿和一些书籍交给了去看他的克尔日札诺夫斯基，嘱咐转交给伊里奇。

克尔日札诺夫斯基在一个多月后才有机会来见伊里奇，告知噩耗，转赠书籍手稿。并说死者不是死于绝望，而是要以死抗议。

伊里奇为失去一位良师益友，深感悲痛。

他在第二年便串联流放地的革命者捐款，想为费多谢耶夫建一座纪念碑，但商议此事的信件被警察查获，招致警察来他家大搜查，差点把他重要文件和革命书籍“一锅端”。

1900年2月10日，伊里奇流放期满，可以返回内地了。

但官方却规定他不能在两个首都、有大学的城市及有大的工业中心的地方居住。

伊里奇与同时流放期满的波特列索夫和马尔托夫商议后，决定到普斯科夫城居住，那里是同彼得堡联系最方便的小城市。

2月10日，伊里奇和妻子及岳母坐马车离开了舒申斯克村。

临走，几乎全村的村民都来送别，依依难舍，很是伤感，三年来村民们对伊里奇一家已有很深厚的感情了。

他们在米努辛斯克住了一宿，次日改乘马拉雪橇，穿越三百五十俄里，才到达一个火车站，登上了西去的火车，告别了天寒地冻的西伯利亚。

流放三年，伊里奇收获颇丰。

他继续研究了马克思和恩格斯的一些著作，如《哲学的贫困》《黑格尔法哲学批判》《德意志帝国形成之际的力量和经济》。

他还研究了霍尔巴赫、爱尔维修、康德等哲学家的最主要著作。

在这期间，他写了许多著述，其中最著名的是：《俄国社会民主主义者的任务》《俄国资本主义的发展》两书。

此外，他还对德国社会民主党修正主义的头子伯恩施坦进行了论战。

他对伯恩施坦在其《社会主义的前提和社会民主党的任务》一书中，表现出的机会主义和可能主义感到激愤难平。

他为了捍卫马克思主义理论的纯洁性，决定向伯恩施坦“开炮”。

他主要做了以下工作：

一是把英国韦伯夫妇写的《英国工联主义的理论和实践》一书译成俄文，其目的是使俄国无产阶级认识到伯恩施坦宣扬的那一套理论，实际上是贩卖韦伯夫妇的费边主义。

二是把考茨基写的批判伯恩施坦的文章译成俄文，并和普列汉诺夫写的批判文章一起交给在米努辛斯克州流放的革命者去传阅，这对提高他们的觉悟是有一定帮助的。

列宁在伦敦编辑《火星报》的旧址

三是他认识到“经济派”是伯恩施坦派的变种，所以，他捎带着对“经济派”也进行了批判。

四是他认识到要粉碎这股修正主义的逆流，除了在理论上批判外，关键在于建立一个革命的有组织的马克思主义政党。

并考虑建立政党计划。

建党计划之一，就是必须尽快地创办党报。

火车轰轰隆隆地向前进发。

这列火车已经不是从西伯利亚开出的那列了，而是一列“跨国”的火车。

车内的伊里奇正肩负着创办党报、党刊的艰巨任务，他要前往瑞士去见普列汉诺夫。

为什么要到国外去创办党报、党刊呢？

因为国内不安全，《工人事业报》出版失败就是个惨痛的教训。

另外，伊里奇觉得与“劳动解放社”合作出版过《工作者》，有一定的基础。

1900年8月初，伊里奇来到瑞士苏黎世，找到“劳动解放社”成员之一的阿克雪里罗得，与他讨论了伊里奇起草的《〈火星报〉和〈曙光〉杂志编辑部声明草案》以及其他有关这两份报刊的问题。

随后，伊里奇来到了日内瓦，与先期到达的波特列索夫会合。

波特列索夫是伊里奇派来做前期筹备工作的。

波特列索夫告诉伊里奇，说：

“情况并不像我们想的那么乐观。普列汉诺夫和‘劳动解放社’其他成员对创办党报、党刊的重要意义认识不足，对一些问题的看法也和我们不一样。”

果然，在开会正式研究讨论时，双方发生了激烈的争论。

归纳起来，伊里奇与普列汉诺夫在四个问题上存在分歧：

一是关于对待“经济派”。伊里奇主张对那些受“经济派”思想影响的工人，能团结的还要团结，这有利于俄国整个工人运动，不能一概排斥和一棍子打死。

而普列汉诺夫非常痛恨“经济派”，主张对“经济派”进行坚决斗争。

二是关于对待“合法马克思主义者”。伊里奇主张对他们的理论要进行彻底批判，但他们如果放弃错误观点，并坚持反对沙皇专制制度，还可以联合他们，特别是吸收他们的资金帮助。

而普列汉诺夫认为“合法马克思主义者”是奸细，是“叛徒”，必须毫不留情地予以打击，对他们决无联合可言。

三是关于对待崩得(犹太工人总同盟)。伊里奇主张吸收与接纳一同革命，而普列汉诺夫主张排斥与拒绝

四是关于是否要在报纸上发表文章批判考茨基的问题。

普列汉诺夫主张让他的崇拜者阿克雪里罗得写一篇哲学论文公开批判考茨基。

而伊里奇认为，考茨基是有错误，可基本上还是站在马克思主义立场上的，所以公开发表批判文章是不合时宜的。

争论的结果谁也没说服谁，甚至还带来了火药味。

等到正式接触报刊实际问题时，普列汉诺夫对伊里奇起草的《〈火星报〉和〈曙光〉杂志编辑部声明草案》反应淡漠，自己不发表意见，却推给别人去修改。

当谈到编辑部人选时，普列汉诺夫想独揽大权，还摆老资格，要求他必须拥有两票的表决权，而别人只能有一票。

为此几次谈判，双方都未达成一致协议。

这让伊里奇和波特列索夫感到无奈而又气愤。他们彻底地认清了普列汉诺夫的为人，原来并不值得他们像以前那样尊敬。

他们经过反复思考，决定与普列汉诺夫断绝私人关系，到别处去创办党报党刊。

8月27日，伊里奇和波特列索夫把他们的决定告诉了阿克雪里罗得和查苏利奇。

阿克雪里罗得为普列汉诺夫做出辩解。

查苏利奇则恳求他们先不要离开，允许他从中调解一下。

经过查苏利奇的调解，普列汉诺夫看对方真的要与他分手，便做出了让步。

所以，在8月28日的谈判中有了明显的进展。经过争论，最终达成协议：

一是编辑部由六人组成：普列汉诺夫、伊里奇、阿克雪里罗得、查苏利

奇、马尔托夫、波特列索夫。

二是编辑部六人中普列汉诺夫拥有两票表决权，别人只有一票。

三是《火星报》创刊号先在德国编辑出版，以后报社驻地变化与否看情形而定。

四是《火星报》创刊号的社论由伊里奇撰写。

协议达成之后，伊里奇就开始了实际工作，除了要确立内容和版面、选择题目、物色作者、校对清样、排版印刷、筹集资金等烦琐的事务，他还撰写了社论《我们运动的迫切任务》和《中国的战争》（指八国联军侵华）、《俄国社会民主党人国外联合会的分裂》两篇文章，准备在《火星报》上登载。

1900年12月24日，《火星报》的创刊号在德国莱比锡城出版了。

这是全俄第一份马克思主义的秘密报纸，几乎每个字都凝聚着伊里奇的心血。

党的分裂

《火星报》的出版推动了俄国工人运动的发展。

1901至1903年，工人罢工浪潮席卷了俄国全境。而工人运动最活跃的地区有：彼得堡、莫斯科、巴士姆、罗斯托夫、巴库、梯弗里斯、敖得萨、基辅、叶加特林诺斯夫等城市。

1901年春，克鲁普斯卡娅从俄国来到了德国的慕尼黑，见到了日夜思念的丈夫。

她在和丈夫离开西伯利亚之后，又在乌发省流放了一年。

而《火星报》驻地也已经从德国的莱比锡迁到了慕尼黑。

夫妻团聚，从此开始并肩战斗了。

1901年5月，列宁——我们现在可以这样称呼伊里奇了，因为他已经用这个笔名发表文章，而他本人也比较喜欢这个名字——在《火星报》上发表了《从何着手？》的文章，进一步提出了建立一个马克思主义政党的具体计划。

建立政党就必须有党纲。

而在制定俄国社会民主工党党纲的问题上，《火星报》内部的意见分歧最大，争论最激烈，持续的时间也最长。

直到1903年7月30日，俄国社会民主工党第二次代表大会才召开，说这次大会是正式“建党”大会也可以，因为第一次大会不算成功。

这时候，《火星报》已经由德国的慕尼黑转移到英国的伦敦，又从伦敦转移到瑞士的日内瓦，列宁夫妇也只能随着报纸折腾来折腾去，居无定所。

俄国社会民主工党第二次代表大会在布鲁塞尔秘密开幕了。可是再秘密，还是让警察知道了。

由于比利时警察的干预，大会中途不得不转移到英国伦敦继续举行。

参加这次大会的有四十三名代表，代表着俄国各地的二十六个组织。

这些组织包括《火星报》组织、“俄国革命社会民主党人国外同盟”、“劳动解放社”、“俄国社会民主党人国外联合会”等等。

列宁作为“俄国革命社会民主党国外同盟”的代表出席了大会，拥有2票表决权。

马尔托夫则作为《火星报》组织的代表出席大会。

普列汉诺夫当选大会主席团主席，列宁和克拉西柯夫当选为副主席，轮流主持会议。

这次大会的主要任务是：

在《火星报》所提出和制定的原则和组织的基础上建立真正的政党。

由于代表的成分复杂，政治倾向不一，这决定了在党纲和党章等重大问题上，马克思主义路线与机会主义路线必然会展开激烈的斗争。

大会最重要的事情是讨论党纲。而党纲中最重要的一条把“无产阶级专政”写进党纲争议最大。

其中“经济派”首领马尔托夫和“崩得派”包括托洛茨基都反对把这条写进党纲。

但列宁为首的《火星派》坚持要把这条文写进党纲，他多次发言，驳斥了对方的错误观点。

幸好，列宁的观点得到了普列汉诺夫的支持，最后大会除一票弃权外，还是通过了党纲。

这是俄国第一个马克思主义的纲领，它第一次把建立无产阶级专政确定为无产阶级政党的根本任务，也是国际共产主义运动史上的一个创举。

党纲问题，以列宁为首的火星派获得了胜利，在党章问题上，以马尔托夫为首的“经济派”又提出了相对立的意见。

争议最大的，也是焦点问题就是：

什么人可以成为党员？

列宁提出的条文是：

“凡承认党纲、在物质上帮助党并亲自参加党的一个组织的人，都可以成为党员。”

马尔托夫提出的条文是：

“凡承认党纲和在物质上给党以支持的人，都可以成为党员。”

注意：他的条文减少了“亲自参加党的一个组织的人”。

两个人的区别在于，按照列宁的条文就会建成一个组织严密、纪律严明的有战斗力的政党，而按照马尔托夫的条文，就会建成一个组织涣散，纪律松弛、成分复杂，软弱无力的一般的工人群众组织。

于是开始激烈争论，可尽管列宁说得头头是道，有理有据，但最终投票表决时，马尔托夫的党章条文以二十八票对二十二票得到通过。

原因是：“经济派”、“崩得派”、温和的《火星报》分子和中间派人数占多数，他们都支持马尔托夫。

这次《火星报》编辑部也分裂为两派：普列汉诺夫支持列宁；阿克雪里罗得、查苏利奇和波特列索夫支持马尔托夫。

这样的分裂对马尔托夫是有利的，他们四人对列宁两人，占绝对多数，把持编辑部大权毫无问题。

针对这种情况，列宁在讨论《火星报》编辑部人选时，提议把六人减少到三人，理由是原来的六人中有些人工作效率不高。

1900年的列宁

大会表决后，列宁、普列汉诺夫和马尔托夫被选为党的中央机关报《火星报》编委。

马尔托夫拒绝担任编委——他当然很生气。

对此，大会通过决议，由列宁和普列汉诺夫另物色一名合适的编委人选。

列宁的这次胜利是因为大会代表人数比以前发生了变化，有五名崩得派分子和二名经济派分子提前退出了大会，使马尔托夫一方一下子少了七票的支持。

所以，在接下来的会议议程中，支持列宁的代表就占了多数，而支持马尔托夫的代表就占了少数。

由于多数派一词，由俄语音译为“布尔什维克”；少数派由俄语音译为“孟什维克”，所以分裂后的党，以列宁为首的就称为“布尔什维克党”，以马尔托夫等人为首的就称为“孟什维克党”。

面对面的较量

“建党大会”之后，列宁和他的追随者们去拜谒了马克思在伦敦的陵墓。

然后，列宁立即返回日内瓦，投入到捍卫党的决议的斗争。

斗争是注定会继续，孟什维克当然不甘心他们的失败。

会后，孟什维克暗中成立了以马尔托夫、阿克雪里罗得、托洛茨基为头子的反对派组织，发誓要和列宁为首的布尔什维克对着干。

孟什维克在德国社会民主党理论权威考茨基的撑腰下，明目张胆地攻击布尔什维克，大肆进行分裂破坏活动。

被选为政党总委员会主席的普列汉诺夫开始对孟什维克妥协，企图调和双方的矛盾。

当列宁要他一同向孟什维克做斗争时，他竟说“我不能向自己人射击”，一再对孟什维克做出让步。

普列汉诺夫的妥协态度助长了孟什维克的嚣张气焰，他们向总委员会提出了与布尔什维克和议的十分苛刻的条件。

为了不使政党最终分裂，普列汉诺夫竟以辞职相逼，让布尔什维克接受孟什维克的条件。

列宁想以退出《火星报》编辑部的方式，来劝说普列汉诺夫改变妥协态度，没想到普列汉诺夫竟同意他退出编辑部。

列宁退出编辑部之后，普列汉诺夫独掌了《火星报》编辑部大权，开始讨好孟什维克。

他把以前落选的马尔托夫、波特列索夫、阿克雪里罗得、查苏利奇四人又选进编辑部。

另外，他还要求布尔什维克派的加尔佩林辞去总委员会中的职务，为的是腾出一个位置让孟什维克分子选进一个委员。

在普列汉诺夫的作用下，甚至连党中央委员会里的布尔什维克也多数向孟什维克妥协了。

就这样，孟什维克到1903年底，已经夺得了党中央和《火星报》的领导权。

列宁为首的布尔什维克遭受了巨大的挫折。

但列宁没有屈服，他在1904年5月19日出版了新作《进一步，退两步》。

在这部著作里，他分析了党的二大和会后两条路线斗争的全部过程，明确指出党内存在着的两种截然对立的倾向，实际上代表着两个政党。

他还批判了孟什维克在建党问题上的机会主义观点，捍卫和发展了马克思和恩格斯关于无产阶级政党的学说，系统地阐述了布尔什维克关于党的建设理论观点。

列宁的这部著作一出版，立即遭到了孟什维克的疯狂攻击。

5月28日，普列汉诺夫在《火星报》上发表题为《现在不能沉默（致俄国社会民主工党中央委员会的公开信）》的文章，要求党中央委员会在原则上与列宁划清界限，提议党中央委员会撤销列宁的中央驻国外代表的职权。

6月14日，《火星报》附刊上又发表了马尔托夫的文章《前进还是后退》，副题“代悼词”，文章攻击列宁的著作无的放矢，指出此著作的发表意味着列宁在政治上的死亡。

看着自己辛辛苦苦创办的《火星报》，却成为对手攻击自己的阵地，列宁心里当然不是滋味。

更让他觉得不是滋味的是，同年7月，在布尔什维克中央委员缺席的情况下，俄国社会民主工党中央委员会通过了《七月宣言》，撤销了列宁的中央国外代表职权。同时还规定：未经党中央委员会批准不许出版列宁的著作。

列宁和布尔什维克面临严峻的考验。

7月末，列宁和二十二名布尔什维克成员在日内瓦附近召开了会议。

会议主要商讨如何面对党的危机，以及布尔什维克应该采取哪些对策等问题。

列宁态度坚决，观点明朗。他认为：国内外的布尔什维克当前的任务是团结起来，创办自己的报纸，同孟什维克的机会主义理论进行坚决的斗争。

任务明确了，列宁和他的支持者们立即开始了行动。

列宁开始在巴黎和瑞士的一些城市做关于党的内部情况的讲演，一是为了宣传布尔什维克的主张，让人们明白分裂真相；二是要用讲演挣来的钱创办自己的报纸。

12月12日，列宁又在日内瓦召集布尔什维克骨干分子开会，讨论出版党报的问题，选定了几位编辑，通过了他为报纸命名《前进报》的建议。

12月末，布尔什维克的党报《前进报》在日内瓦出版了。

1905年1月14日，列宁在《前进报》上发表了题为《旅顺口的陷落》，对1904年2月爆发的日俄战争进行评述，并号召俄国人民起来反抗沙皇的专制制度，摆脱战争的灾难。

1月16日，彼得堡最大的普梯洛夫的工厂举行了大罢工，参加者达到一万两千人。

1月20日，全市各工厂工人举行总罢工进行声援。

1月22日，十四万工人及家属听信了神父加邦的煽动，念着祈祷文，举着圣像和沙皇画像前往冬宫向沙皇请愿。

但是他们遭到了事先埋伏好的反动军警的武力镇压，有一千多人被打死，五千多人受了伤。在俄国历史上称为“流血星期日”。

“流血星期日”激怒了广大人民群众，俄国立即爆发了规模空前的罢工浪潮。

仅在1月份，罢工人数就达到了四十四万，并由经济罢工发展成政治罢工。一些城市爆发了大规模的游行示威，甚至发生了严重的武装冲突。

2月，在一些省掀起了农民运动的浪潮，贫苦的农民起来反抗地主，夺取土地和牧场，举行集会和游行示威。

列宁获悉国内轰轰烈烈的革命的消息，十分兴奋，一口气写出了一组评论文章，总标题为《革命的日子》，分别在《前进报》上发表了。

同时，他决定在国内革命斗争的新形势下，召开俄国社会民主工党第三次代表大会。

4月25日，“三大”在伦敦举行。参加大会的有三十八名布尔什维克代表。

但是，孟什维克拒绝派代表参加“三大”，他们自己在日内瓦召开了第一次全俄党的工作者代表会议。

在“三大”上，列宁当选为大会主席，指导这次大会的全部工作，他在大会上做了约一百四十次发言。

代表大会通过了新党章。

代表大会选举产生了中央委员会作为党中央的唯一领导机关，代替原来并存的三个中央机关——党中央机关委员会、党中央机关报编委会、党总委员会。

代表大会确定了党中央机关报为《无产者报》。

列宁被中央委员会任命为《无产者报》主编和中央驻国外代表。

布尔什维克的“三大”和孟什维克的“一次会议”，分别制定了两条根本对立的策略路线。

在1905年的革命过程中，双方各自坚决贯彻自己的策略路线，并展开了激烈的斗争。

1905年6月初，在日内瓦举行了一次布尔什维克和孟什维克共同参加的报告会。双方要在这个报告会上阐明自己的策略路线，也等于为自己一派宣传造势。

参加会议的孟什维克比布尔什维克多。

第一个做报告的是孟什维克首领马尔托夫，他微微躬着背，讲话时声音嘶哑，还不停地吸烟。

尽管他的报告冗长乏味，可孟什维克分子还是使劲儿鼓掌叫好。

列宁坐在主席台上，镇定自若，目光锐利，嘴角挂着一丝冷笑。

他很重视这次与马尔托夫面对面的较量，更有信心获得胜利。

马尔托夫报告之后，列宁起身走上讲台。

他做报告时，先把两个大会的决议进行了比较，嘲笑和批判了孟什维克决议的含糊不清，透彻地论述了布尔什维克决议的准确性、鲜明性、一贯性和坚定性。

话锋一转，谈到国内革命形势，做出了令人信服的分析判断。

整个报告逻辑严密，论据充分，具有极大的感染力和说服力，所以博得与会者热烈的掌声，甚至一些孟什维克分子也情不自禁地鼓起掌来。

普列汉诺夫未参加双方的两个大会，也未参加这个报告会，他却在背后摇动着他的秃笔向布尔什维克发起攻击。

为了捍卫“三大”决议，捍卫布尔什维克的革命策略，列宁写成了《社会民主党在民主革命中的两种策略》，于8月7日在日内瓦出版。

这部著做出版后立即产生强烈反响。一位喀山的委员读后评价说：

“大家感到捍卫革命发展利益没有谁能比弗拉基米·伊里奇做得更正确、更彻底、更英明。”

结识高尔基

1905年11月21日，列宁从日内瓦返回彼得堡。

他再也不满足在国外遥控指挥革命斗争，而要亲身投入到斗争的行列。

到这年10月，政治罢工成了全俄性的罢工，参加罢工的人数超过了二百万人，其中近一半是产业工人。

甚至连黑海舰队的一艘舰艇的水兵也爆发了起义。

不断增长的革命力量迫使沙皇于10月17日颁发诏书，许诺了“公民自由”和成立“有立法权”的杜马。

10月至11月，全国许多城市都先后成立了苏维埃。

列宁回到彼得堡的当天，就去普列奥布拉任斯墓地，拜谒了“流血星期日”殉难者墓，悼念在那次斗争中牺牲的工人群众。

次日，他主持召开了《新生活报》编辑部工作人员和党的积极分子会议。他一直是该报的实际领导者，该报是合法报纸，而实际上成了党的中央机关报。

高尔基不仅为该报撰稿，还常给该报提供大量的物质援助。

列宁对该报编辑流露出结识高尔基的愿望。

几天后，高尔基偕夫人从莫斯科来到彼得堡，直接到《新生活报》编辑部来见列宁。

两个人相见，热烈地握手，列宁说：

“想不到您来得这么快。”

高尔基打量着列宁，说：

“见到您我真高兴，您原来是这样的啊！”

转对身旁的夫人又说：

“您看，这就是列宁同志，多好的人啊！”

他夫人笑着对列宁说：

“他早就想见您，这次一听说您回到了彼得堡，立刻就赶来了。是的，您和我们想象中的一样。”

然后，他们坐下来开始亲切地交谈。

高尔基说：

“列宁同志，您看了沙皇发表的《立法宣言》了吗？他答应给公民以言论、集会、结社的自由和人身不受侵犯的权利，并要成立由全体公民选举产生的有立法权的国家杜马。您认为，这是否可以缓和紧张局势呢？”

列宁笑了笑，说：

“您可能没看到我写的《革命的第一个胜利》一文……”

高尔基忙说：

“是的，我还没看到。”

列宁又说：

“我已经说了，沙皇的诏书只是一些空话，一些诺言。沙皇政府并没投降，专制制度也没崩溃。革命的无产阶级还要继续进行战斗。所以，局势会更加紧张，战斗会更加激烈。”

列宁的分析并没有错，沙皇政府一方面颁布“立法宣言”安抚人心，另一方面则调动军警大肆捕杀革命工农。

12月16日晚，以托洛茨基为主席的彼得堡苏维埃执委正在开会，大批军警突然赶来，把全体委员和部分苏维埃代表逮捕了。

同一天，《新生活报》遭到了查封。

舍尔古诺夫在当天夜里来到列宁的秘密住处，劝说列宁立即离开彼得堡到别处躲一躲。

列宁摇了摇头，说：

“不！现在是革命的关键时刻，我应该留在这里和同志们一起战斗。”

舍尔古诺夫说：

“可同志们实在担心您的安危，万一……”

列宁打断了对方，说：

“现在莫斯科那里的情况怎么样？”

舍尔古诺夫说：

“据我们掌握的最新消息，他们准备在20日进行总罢工。”

列宁想了想，说：

“要提醒他们慎防政府调动军警镇压，应该破坏铁路，防止谢苗诺夫军团开进莫斯科。”

舍尔古诺夫点头说：

“您的指示我们一定传达到。”

列宁的判断是正确的：12月21日莫斯科的工人总罢工人数达到了十五万，政府派兵镇压，工人们立即构筑起堡垒与军队武装对峙。

22日，莫斯科武装起义爆发了，八千多名起义战士和数倍的军队进行了九天的浴血战斗，最后失败了。

沙皇军队的胜利正是因为控制了铁路，从彼得堡调去了谢苗诺夫军团的援助。

为了能更好地总结十二月武装起义的经验教训，列宁在战斗的硝烟还未散尽，就不顾别人劝阻来到了莫斯科。

他由俄国社会民主工党莫斯科委员会领导人陪同，亲自去察看了进行巷战的地方，会见了参加起义的战士。

他还参加了莫斯科委员会著作家讲演人小组会议，会上对十二月武装起义进行了总结。

另外，还同莫斯科的布尔什维克讨论了积极抵制第一届国家杜马的问题。

正当他在莫斯科活动时，沙皇政府内阁总理大臣向内务部下令逮捕列宁。

彼得堡警察局于1906年1月20日，接到逮捕列宁的命令。

所以，列宁从莫斯科一回到彼得堡，就发现自己已处在警察和暗探的严密监视之下了。

他凭着从民意党人那里学来的秘密斗争经验，临危不慌，巧妙地甩掉了跟踪，到秘密接头地点见到了他的妻子，两个人秘密来到了芬兰的考卡拉，总算彻底摆脱了危险。

1906年4月23日至5月18日，在瑞典斯德哥尔摩召开了俄国社会民主工党第四次代表大会。

这是布尔什维克和孟什维克联合召开的统一代表大会。

本来两派已经水火不容，但在反对沙皇专制制度的斗争中，广大工人强烈要求把党的力量统一起来。

所以，布尔什维克倡议召开党的“四大”，孟什维克迫于工人群众强大压力勉强同意。

然而，这次大会却是一次失败的大会。由于参加会议的孟什维克代表多于布尔什维克，所有通过的决议都有利于孟什维克，让布尔什维克难以接受。

会后，列宁写了《前“布尔什维克”派出席统一代表大会的代表告全党书》，指出这次大会的决议是错误的，布尔什维克要在思想上同这次决议做斗争。

在“四大”之后，有的地方布尔什维克要求召开自己的新的党代表大会。列宁也认为很有必要，表示同意。于是着手为召开“五大”做准备。

“五大”原拟定在丹麦的哥本哈根召开，但由于警察干预，只好改在伦敦。

开会前夕，列宁在伦敦再次见到了高尔基。

高尔基因患肺病来伦敦疗养，他对列宁说：

“革命已处于低潮，但你的革命热情却丝毫不减，我不能不相信有人对你的评价，说你是个累不垮的人。”

列宁笑了，说：

“很简单，因为我怀有必胜的信念。”

在开会期间，列宁还抽空儿去旅馆看望高尔基，两个人亲切交谈。

当谈到高尔基长篇小说《母亲》时，列宁给予了很高评价，但也毫不客气地指出了书中的不足之处。

高尔基说《母亲》写得比较匆忙，可是却为他带来厄运；因这本书他遭到通缉。

列宁笑了，说：

“也为你带来了荣誉，你用自己被通缉换来整个工人阶级的尊敬，不值得吗？”

“五大”于1907年5月13日至6月1日在伦敦召开，这是一次非常成功的大会。由于布尔什维克在代表中占稳定的多数，在同孟什维克斗争中就取得了重大胜利。

列宁和其他几名布尔什维克分子都被选进党的中央委员会。他在党内的威信也空前地提高了。

危险的旅程

从1907年6月开始，俄国进入了反动黑暗的斯托雷平统治时代。

在反革命的白色恐怖的笼罩下，革命斗争更加艰难了。

工人组织遭到严重破坏，革命者成批地被捕，成千上万的人被流放，被判处苦役，全国到处闪烁着刺刀的寒光，到处布满了绞刑架。

面对国内严酷的政治局面，列宁提出了新的斗争策略：

巩固队伍，保存秘密组织，总结经验教训，捍卫理论基础，克服党内混乱思想，保持革命传统，加强同群众联系。以便积蓄和壮大革命力量，准备迎接革命的新高潮。

由于策略正确，“布尔什维克退却得最有秩序，他们的‘军队’损失得最少，他们的骨干保护得最多，党内的分裂最小，颓丧情绪最轻，他们最广泛最正确和最积极地去恢复工作的本领也最高。”

而以马尔托夫为首的孟什维克，被白色恐怖吓破了胆，悲观失望，惊慌失措。他们可耻地放弃了党的革命纲领，只想走议会的道路，完全否认秘密的俄国社会民主工党存在的必要性，变成了“取消派”。

国内已经没有列宁的立身之地，他只能再次侨居国外。

1907年8月18日至24日，“第二国际”第七次国际社会党代表大会，在德国斯图加特城召开了。

“国际”说白了就是全世界工人联合起来的协会性组织。“第一国际”是在马克思指导下成立的，“第二国际”是在恩格斯指导下成立的。

这次大会是第二国际各次代表大会中规模最大的一次。参加会议的有五大洲二十五个国家的社会党代表八百八十四人。

列宁第一次参加第二国际代表大会，他是作为俄国社会民主工党的代表参加的。在这个代表团里又分为两个小组，一是以普列汉诺夫、阿克雪里罗得为首的孟什维克小组，另一个是以列宁为首的布尔什维克小组。

第二国际可以说是人才云集、精英辈出的组织，但是列宁以他渊博的学识和坚定的革命信念及在党内的威望在大会上脱颖而出，受到人们的关注。

他结识了第二国际领导层中的老资格革命家倍倍尔、阿德勒、辛格尔、卢森堡和蔡特金。

他和卢森堡一起对倍倍尔提出的决议草案提出了修正案，经过不懈的努力，他们的修正案在大会上得以通过。

这是列宁在国际上的一个胜利，同时他也得到了国际的认可。

1907年12月中旬，列宁参加了布尔什维克中央会议，会上决定把《无产者报》迁到国外出版。

中央委派列宁、波格丹诺夫和杜勃洛夫斯基出国编辑出版该报。

列宁在动身去日内瓦之前，让妻子留在芬兰的考卡拉照顾患病的岳母。在岳母病好后，让妻子去斯德哥尔摩与他会合。

然后，他自己登上了去亚波的火车。他要在亚波码头乘轮船前往斯德哥尔摩。

不料，在火车上列宁发现他被暗探盯上了，不是一个，而是三个，这就是说他随时都可能被捕。

他决定中途下车，摆脱暗探。

于是他在离亚波12俄里的一个小站悄悄下了车，冒着刺骨的寒风，徒步走到城里。

在城里，他找到了芬兰社会民主党人路德维希，由后者掩护他乘马车赶来亚波码头。

等他们来到码头时，轮船早就开走了。

列宁问路德维希：

“下趟轮船还得等多长时间？”

路德维希说：

“没有下趟了，只能回城里住一宿了。”

列宁摇了摇头，说：

“暗探已经发现了我，住城里太危险了。有别的办法离开吗？”

路德维希说：

“到附近一个小岛可以乘船，不过，得从冰上走三里左右。”

列宁决定去那个小岛乘船。

等他们来到海边时，发现冰面冻得不太牢固，走在上面随时有下沉的危险。

路德维希说：

“不行，不能走，冰面太薄！”

他的话音未落，见旁边不远的地方有两个人已经大步地走进海里，踏冰而行。

列宁见了，喜道：

“你看，可以走，那边已经有人走了。”

于是，和路德维希道别，向那两个人奔去，希望结伴前行。

等他走到那两个人跟前时，发现这两个人是醉鬼，一边走，一边哼着歌儿，摇摇晃晃，脚下的薄冰“咔嚓咔嚓”地断裂下沉，可他们却不管不顾。

列宁心头升起一股寒意，想回到岸边，可已经看不到岸了，往前走危险，往后退同样危险。

他决定继续前行。

他可没两个醉鬼那么勇敢，只能小心翼翼地走，每一步都提心吊胆。

“老兄，你是在练跳舞吗？哈哈！为什么用脚尖走路呢！”

一个醉鬼在嘲笑列宁。

另一个醉鬼也说：

“你如果想跳舞给我们看，企图得到一些奖赏，那可是白费劲儿，我们身上一分钱也没有了，还差人家一瓶酒钱没给呢！”

“咔嚓！”

这醉鬼又踩裂一块冰，身子一歪，差点从断裂的窟窿掉下去。

可他毫不在意，仍然一步一滑地大步走着。

列宁哪有心情跟他们闲磨牙，轻轻地小心地向前走着，把两个醉鬼甩在了后面。

“喂！老兄！你怎么不吭声呢？”

一个醉鬼竟小跑着向列宁追上来，另一个醉鬼也随后跑着追上来，薄冰在他们脚下“咔咔”的断裂，危险到了极点。

列宁知道，等这两个醉鬼跑到跟前，他周围的冰非被踩裂不可，急忙对两个醉鬼喊：

“别过来，危险！”

两个醉鬼这才停止追他，一个问另一个说：

“什么危险？”

另一个说：

“不知道。”

列宁又喊了一声：

“你们小心点，脚下的冰！”

两个醉鬼这才意识到置身在薄冰之上，随时会葬身大海，吓得手足无措，站在那里不敢迈步了。

列宁又喊：

“快走，不走就是等死！”

不走可不是等死？不掉进海里，也得被冻死。

在列宁的鼓励下，两个醉鬼又继续前行，这回小心多了，可能已吓得酒醒大半。

好不容易，列宁照顾着两个醉鬼来到了小岛。

回首望那结着薄冰的海面，他叹了口气，自语说：

“如果这样死去，真是太不值得了！”

他到斯德哥尔摩后不久，妻子赶来了。他把冰上历险的事和妻子说了，妻子眼泪一下子流下来……

钓鱼

1908年2月26日，经过列宁等人的不懈努力，《无产者报》第21期在日内瓦秘密出版了。

列宁在这期《无产者报》上发表了一篇题为《政治评论》的文章，深刻总结了1905年俄国革命斗争的经验教训，为无产阶级政党指明了前进的方向。

这期报纸出版后，列宁决定腾出手来对“召回派”进行批判。

“召回派”是布尔什维克党内分裂出来的一个小派别，为首的是波格丹诺夫、巴扎罗夫、卢那察尔斯基和别尔曼。

这些人打着“革命”旗号，否认革命已转入低潮，反对党利用合法形式进行斗争，主张把社会民主党团从第三届国家杜马中召回来，故称为“召回派”。

列宁认为，“召回派”是从左面来的取消主义，是改头换面的孟什维克。

更可气的是，为了替自己的机会主义路线做辩护，“召回派”竟然追随反动派和第二国际中的修正主义者，迫不及待地连续抛出系统“讨伐”马克思主义的反动著作，极力鼓吹经验批判主义，妄图用马赫的唯心主义哲学来代替马克思主义哲学。

1908年3月24日，列宁给高尔基写了一封信，他告诉高尔基必须对“召回派”发表的宣扬马赫主义的论文集《马克思主义哲学概论》进行批判。

高尔基为此回信邀请列宁去他居住的意大利喀普里岛放松一下。

列宁直到4月下旬才抽出时间，在高尔基一再邀请下，他来到了意大利喀普里岛。

高尔基见到列宁，非常高兴，说：

“你说过，不会休息就不会工作，可你是怎样休息的呢？这次来多逗留几天吧，我们好好谈一谈。”

列宁笑了，说：

“你该不是想劝说我与马赫主义者和解吧？不，我根本不会对他们妥协一步！”

高尔基见他的意图被列宁一语道破，脸上有些挂不住，掩饰地笑着说：

“你知道我本人不相信任何哲学，在我看来，哲学好像一个女人，长得并不漂亮，甚至很丑，但经过巧妙打扮，却变成一个妖艳的美人了。”

列宁被高尔基的比喻逗笑了，说：

“不确切，却十分新颖。”

接着又说：

“在你心目中‘召回派’那几位先生可能很了不起……”

高尔基急忙点头，说：

“是的，我认为波格丹诺夫、卢那察尔斯基和巴扎罗夫，是受过良好教育的，在党内也是没多少人可以比得上的。”

列宁嘴边掠过一丝冷笑，说：

“那会怎么样呢？他们已经昏了头，走错了方向。”

高尔基终于开始了调和，说：

“既然他们和我们的目的是相同的，为什么不可以抹掉哲学上的矛盾呢？据我了解，他们都不希望与你搞僵，至于从我们党分裂出来，他们更没有这个想法。”

列宁说：

“不，我认为他们和我们的目的完全不同，如果他们不放弃错误的思想观点，我们毫无和解的可能。我的朋友，您如果不把和解的希望抛到海里去，我就只能让你失望了。”

高尔基呵呵一笑，说：

“我们的话题为什么这样沉重呢？难道我不是邀请您来放松的吗！走，我们去钓鱼。”

列宁还没在海上钓过鱼，他很有兴趣参加这项活动。

高尔基叫上他的妻子，他们来到海边，上了一条小渔船，船上的两个渔民就划船离岸，驶向深海。

小船在海面上轻轻荡漾着，带着些寒气的海风吹着船上的人，好在风不大，浪也不高。

高尔基说：

“我们可以不用钓竿，用手指就行了。”

说着做示范似的，用手指缠住一根钓丝，甩进海里。

一旁的渔民对列宁说：

“当手指觉得线在摆动就得扯一扯钓丝。”

列宁学着高尔基的样子，把一根钓丝甩下海去，问渔民：

“这钓丝上的小铃儿做什么用？”

渔民笑着说：

“鱼咬钩时，小铃儿就会发出声音，叮铃、叮铃，懂了吗？”

话音刚落，列宁钓丝上的小铃儿“叮铃、叮铃”地响起来。

“咬钩了！”渔民兴奋地喊起来。

列宁猛地拉起钓丝，果然钓上来一条大白鱼，他高兴地笑起来，学着渔民的样子，说：

“叮铃！叮铃！”

“叮铃、叮铃”。

高尔基的钓丝上的小铃儿也响了，他也钓上一条大鱼，笑着对列宁说：

“怎么样？学会了吧？”

此后几天，列宁天天和高尔基到海上钓鱼，每钓上一条鱼，他都高兴地说“叮铃、叮铃”，为此，渔民给他起了个外号，叫“叮铃先生”。

列宁不会讲意大利语，但渔民们都很喜爱他的随和、亲切。有个老渔民对高尔基说，只有正直的人，才能有这样的笑容。

列宁常和高尔基边钓鱼，边聊天。

高尔基向列宁讲述了自己不幸的童年，还有少年流浪的故事。

列宁深深地被高尔基那传奇般的经历吸引了，他说：

“多么生动而感人的故事啊，你为什么不写自己呢？快点写出来吧，用你的故事去感动更多的人，这是一项有益的劳动。”

列宁的鼓励让高尔基牢记在心。后来，他真的写成了自传体长篇小说《童年》《在人间》和《我的大学》，在俄国和全世界广为流传。

秘密会议

高尔基想调和列宁和“召回派”的矛盾，可列宁没给高尔基面子。

友情岂能撼动原则。

1909年5月初，列宁写的批判俄国马赫主义（“召回派”）的哲学名著《唯物主义和经验批判主义》在莫斯科出版了。

为写这本书，列宁可没少花费心血，研究了大量哲学著作，他把家里人也动员起来了，四处帮他搜集资料，姐姐安娜还担任了该书的校对。

他和家人的八个多月的心血没白费，该书的出版，对修正主义、马赫主义是一个致命的摧毁性的打击。

列宁在这部著作中全面概括了恩格斯逝世以来的自然科学的新成果，继承、捍卫和发展了辩证唯物主义理论，把马克思主义哲学发展到了一个新阶段。

写完这本书，列宁身体也累垮了。

遵照医生的嘱咐，列宁和妻子、岳母、妹妹来到巴黎不远的一个村子休养。

他身体刚刚恢复，党内的“调和派”又开始兴风作浪了。

1910年1月15日，布尔什维克党内的“调和派”代表人物季诺维也夫、加米涅夫和李可夫违背列宁意愿，组织召开了俄国社会民主工党中央全会。

会议地点是在巴黎。

参加会议的有布尔什维克及各种派别组织的代表。

“调和派”策划召开这次会议的目的，就是要与列宁和普列汉诺夫“反取消主义联盟”相对抗，企图使布尔什维克同“取消派”和走第三条道路的“托洛茨基派”统一合并为一个政党。

“反取消主义联盟”是怎么回事呢？

还是在1908年，普列汉诺夫气愤孟什维克的取消主义，愤而退出孟什维克派的报纸《社会民主党人呼声报》编辑部。

随后，他公开站出来批判“取消派”，成为孟什维克“护党派”首领，并向列宁建议组成“反取消主义联盟”，一同与“取消派”进行斗争。

“调和派”对这次会议准备充分，志在必得，代表又在会上占多数。

列宁虽然处于少数，属仓促应战，但他没有妥协，坚持斗争，使会议通过了谴责“取消派”和“召回派”的决议。

然而，“调和派”把持了会议议程，他们违背列宁的意志，发表了《布尔什维克宣言》决定：

一、停止出版布尔什维克的机关报《无产者报》。

二、解散布尔什维克的中央，把它的财产交给俄国社会民主工党中央委员会；把现金转交给国际社会民主主义组织的代表。

这次会议让列宁败在了“自己人”的手里，他心里很难受。

会后不久，他又接到高尔基让他去喀普里岛的邀请，想到有趣的钓鱼，决定到岛上去看望高尔基夫妇。

没想到，他的对手“召回派”的主要人物卢那察尔斯基、波格丹诺夫和巴扎罗夫也在喀普里岛。

列宁知道，高尔基仍然希望他们和好。

在高尔基的安排下，列宁和波格丹诺夫进行了一次谈话。

列宁和对方曾经一同编辑过《无产者报》，较为熟悉，在私人关系上还是不错的。

他们当然要谈论哲学问题，但不是辩论。波格丹诺夫也承认，列宁写的《唯物主义和经验批判主义》一书，击中了马赫主义要害。

列宁说：

“叔本华说过，谁的思想清楚，谁就说得清楚。你能用三言两语说明马赫主义比马克思主义更革命吗？”

波格丹诺夫试图解释清楚，却没成功，窘迫地笑了笑，又说：

“也许你是正确的。”

这次高尔基没陪列宁钓鱼，好像他们都没这种雅兴了。

1910年8月28日，第二国际第八次代表大会，在丹麦哥本哈根召开了。

列宁在这次大会上见到了普列汉诺夫，由于他们结成了反对取消派的联盟，两个人感到很亲切。

“‘调和派’实在令人气愤！我想，你不会对他们置之不理吧？”

普列汉诺夫说，显然知道了“调和派”组织召开的那次全会的事情。

列宁笑了笑，说：

“我现在还拿他们当同志，但他们的前途要靠自己去珍惜。”

顿了顿，又坚决地说：

“我想过了，为了对付取消派、调和派、洛托茨基派乃至一切我们的敌人，我们还要创办自己的报刊！”

列宁说到做到，1910年11月12日，布尔什维克的秘密的通俗机关报《工人报》在巴黎创刊了。

列宁为高尔基寄去创刊号，并写信请高尔基为该报筹款。高尔基很快回信，对《工人报》十分赞赏，并捐款五百法郎。

12月，列宁领导的布尔什维克的合法报刊《明星报》和《思想》杂志分别在彼得堡和莫斯科出版了。

普列汉诺夫为首的孟什维克“护党派”，为了表示对列宁的友好，也为这两个报刊投稿。

这两报一刊的出版，为列宁及战友们与其他派别斗争提供了阵地。

而列宁不仅要在舆论上赢得胜利，还要建立一个独立的党。

为此，他积极筹备召开俄国社会民主工党第六次全国代表大会（简称“六大”）。

他把会议地点选在了布拉格。

并为此召开了预备会议。

“六大”是一次秘密会议，规模不大，只有二十多个党组织的代表，除了两名孟什维克“护党派”代表，全是布尔什维克。

会议开得比较顺利，通过了以下几项决议：

一、通过了《关于确定代表会议的性质》的决议，决议指出：俄国社会民主工党的全党代表会议是党的最高机关。

二、通过了列宁提出的《关于取消主义和取消派团》和《关于国外的党组织》两个决议，把孟什维克取消派开除出俄国社会民主工党。

这样一来，布尔什维克就形成了一个独立的无产阶级政党，简称为俄国社会民主工党（布）。

三、会议还决定：在巴黎出版的《工人报》，为党中央的正式机关报。

四、会议决定：出版公开的日报《真理报》。

五、会议选出了列宁等七人为中央委员会委员。（会议后补选别洛斯托斯基和斯大林为中央委员）。

1912年5月5日，按大会决定，布尔什维克的合法日报《真理报》创刊号在彼得堡出版。

至此，经过艰难的努力，列宁终于建成了独立的布尔什维克党。

死里逃生

列宁在他的革命生涯中经常会遇到生命危险，而最危险的一次还是发生在奥地利这次“间谍事件”。

1914年7月28日，酝酿已久的第一次世界大战爆发了。

先是奥国向塞尔维亚宣战；接着德国向俄国、法国宣战；英国先后向德、奥宣战。于是，英、法、俄等组成的“协约国”集团对德、奥、意等组成的“同盟国”集团大战起来，先后卷入这次战争的包括全世界三十六个国家。

这时列宁已经和妻子、岳母迁居到奥地利境内的波罗宁。他8月1日获悉德国对俄国宣战，心情非常激动，对妻子说：

“像日俄之战那么小的战争，都在国内引起巨大的震动，这样的战争不可能不导致革命。”

他非常关注交战国的社会民主党对战争的态度，特别关注德国民主党人对战争的态度。

8月4日，列宁在报纸上看到了各国社会党对待战争的态度——无一例外地对本国战争给予支持。

他感到很失望，也很生气，认为这是“第二国际”的悲哀。

8月7日，列宁正在关注着局势的发展，厄运又一次降临到他头上。这天，大队宪兵闯进他的住处，强行搜查，搜查出他自卫用的一支手枪，和一些笔记本。

第二天，列宁被逮捕了，关押在当地的监狱里。罪名是俄国间谍。

他暗自感到不妙，奥地利正和俄国开战，对他这个敌对国的平民肯定是说杀就杀。

入夜，他坐在牢房冰凉的水泥地上，望着从铁窗外透进的苍白的月光，不由想起独立建党以来那些零零碎碎的事情。

在建党会议一结束，列宁和妻子及岳母就迁居到奥地利境内。

他先后主持召开过两次中央委员会和一次各地党组织负责人会议，在会上进一步明确了党的任务，保证了俄国革命运动沿着布尔什维克所指引的道路前进。

他对国内的《真理报》给予了特别关注。

《真理报》创刊后备受迫害，它被沙皇政府查封了八次，只得改用其他名称继续出版，如《工人真理报》《北方真理报》《劳动真理报》《拥护真理报》《无产阶级真理报》《真理之路报》《劳动者真理报》《工人日报》等等。

《真理报》有名义上的编辑和实际工作编辑。

名义上的编辑，他们的任务是代替真正的编辑去坐牢。这样的“编辑”约有四十个，通常是些文盲。

列宁亲自抓《真理报》编辑部的主要方针、路线的制定。几乎每天他都把自己写的文章、评论和其他文稿寄到编辑部。

他为了加强《真理报》的领导，让《真理报》更“听话”，先后派去斯大林、斯维尔德洛夫和加米涅夫对其进行改组。

除关注并领导《真理报》工作外，列宁还特别注意第四届杜马选举，他一贯主张把公开斗争与秘密斗争结合起来，杜马选举就是公开的合法的斗争。

他还在有关会议上做了民族问题的报告。另外，对民族问题他还先后写了二十多篇文章。

他从来都没有停止斗争，夜以继日地笔耕不停，他相信革命的新的高潮一定会到来。

现在，第一次世界大战爆发了，新的革命高潮即将到来，可是他却被捕了，而且是凶多吉少。

8月18日，列宁感到死神已经降临了。他被四名荷枪实弹的宪兵押出监狱，来到监狱大墙外一个深坑跟前。

一个宪兵用德语告诉他：

“你因为间谍罪被判处死刑，现在就执行枪决！”

列宁大声申辩说：

“我不是间谍！你们应该经过法庭审判！”

1914年，列宁在波兰

另一个宪兵冷冷地说：

“对你审判是多余的，我们长官没有时间。不管你是不是真的间谍，总之你是俄国人，你就自认倒霉吧！”

说话时，另外两名宪兵已经站到了射击的位置，其中一个已经举起了手里的枪……

“等一等！”

这时，有一个宪兵从监狱的方向跑过来，用德语喊。

“出了什么事？”

那个举起枪的宪兵放下枪，问赶来的宪兵。

后来的宪兵奔到跟前，说：

“长官让把他带回去，先不枪决了。”

“为什么？”一个宪兵问。

后来的宪兵说：

“有人来为他求情了，说他是俄国布尔什维克的头子列宁！”

一个宪兵笑了，说：

“我明白长官的意思了，列宁是沙皇最危险的敌人，杀了他就帮了沙皇的忙儿，而留着他，沙皇就会经常头疼！”

后来的士兵点头说：

“是的，放他回去和俄国沙皇作对，对我们的战争有利。”

听到这里，列宁悬着的一颗心才彻底放下来。他长舒了一口气，心说：这次真是好险啊！

第二天，克鲁普斯卡娅接列宁出狱，她告诉列宁，当地布尔什维克帮了不少忙儿，不然他不会这么快被释放。

列宁没告诉妻子在狱中险些被枪决的事，怕妻子再流泪，只是说：

“这里不能住了，咱们尽快去瑞士吧。”

9月5日，列宁和妻子、岳母来到瑞士伯尔尼。

第二天，在城外的树林里，列宁主持召开了伯尔尼布尔什维克小组会议，会议八日结束。

在这次会议上，列宁做了关于对待战争的态度的报告，他的报告提纲《革命社会民主党在欧洲大战中的任务》，作为会议决议被通过，并分发给国外布尔什维克各个支部。

10月，列宁根据这个提纲改写成《战争和俄国社会民主党》一文，作为俄国社会民主工党中央委员会宣言公开发表。

两个母亲

1915年3月，克鲁普斯卡娅的母亲病逝了。

列宁和妻子都很悲痛。

岳母老人家一直同列宁夫妇住在一起，料理家务，照顾接待来访的客人，做了许多默默无闻的烦琐而劳累的工作。

由于老人家的帮助，克鲁普斯卡娅才能腾出手帮助列宁抄写文稿，处理文件，查找资料，完全担负起一个秘书的工作。

可以说，岳母对列宁的事业是有很大贡献的。

岳母与列宁的感情非常好，她把列宁当亲儿子一样看待。她常常为列宁忙于工作而不爱惜身体而生气，吃饭时有一点好吃的也先由着列宁吃。

列宁对岳母非常孝顺，他知道岳母喜欢抽烟，没烟就打不起精神。有一次岳母的烟抽光了，他立即就出去买，却赶上附近商店没有，他就到挺远的商店把烟买回来，不巧天又下起雨来，回到家身上都淋湿了。

列宁总是不能忘怀岳母和他们夫妇在西伯利亚苦熬的那两年，他觉得怎么补报都是应该的。

岳母死前没受什么痛苦。头一天还能到树林边的草地上散步，晚上回来说身体不舒服，头晕，第二天就不行了。

临终岳母嘱咐死后把她火化，如有可能就把骨灰运回俄国埋葬。3月23日，列宁和妻子为老人在伯尔尼布雷哈登公墓举行了葬礼。

他们还在墓旁种了一棵小树。多年后，按照老人的遗嘱，把骨灰运回俄国，埋葬在列宁格勒新圣母公墓。这期间，列宁除参加一些会议外，一面从

列宁的母亲：玛丽亚·亚历山大罗夫娜·乌里扬诺娃

事理论研究，一面奋笔疾书。

1915年9月份，他写的名著《社会主义与战争》以德文出版。

1916年2月中旬，列宁和妻子又从伯尔尼来到苏黎世，一头扎进图书馆，开始写作《帝国主义是资本主义最高阶段》。

1916年7月底，国内传来噩耗——列宁的母亲于7月25日病逝了。

列宁哭了，不是大放悲声，而是任泪水汩汩而流，他没有擦拭。为什么要擦拭，就算流再多的泪，又怎能抵得过慈母的恩情！

慈母为他操碎了心。母亲这一次是真的死了？

列宁在西伯利亚流放时已经哭过一回母亲，当时他在报纸上看到母亲去世的讣告，悲痛万分，可不久知道那个去世的妇人与母亲同名同姓。

他流放归来，母亲是怎样的高兴啊！可他在母亲身边没待几天，就为了创办《火星报》出国了。

记得，最后看见母亲是在1910年，他在丹麦哥本哈根参加第二国际第八次代表大会时，给母亲写信，约母亲到斯德哥尔摩会面。

大会一结束，他就来到斯德哥尔摩，等候母亲的到来。那时，他就有三年未看见母亲了。

母亲多次写信表达对他的思念之情，并把父亲亲手旋制的那副国际象棋寄给了他——母亲哪里知道，他忙得早没时间下棋了。

但他感谢母亲，看着那副象棋，他仿佛看到了父亲那充满慈爱的笑脸。

母亲由妹妹玛丽亚陪着来到了斯德哥尔摩，看着轮船上扶栏眺望的、白发苍苍的母亲，码头上的列宁视线模糊了，他只是使劲儿挥手，一句话也喊不出来。母亲看见他，抚摸着他的手，说：

“你总在信里说胖了，可这都瘦成啥样儿了……”

说着，母亲哽咽了。

列宁含着泪，强颜微笑，说：

“但我非常健康，啥病没有。”

那年母亲已经是七十五岁高龄了，而且体弱多病。

母亲在斯德哥尔摩住了十二天。在分别时，母亲伤感地说：

“恐怕我以后再也不能到国外看你了……”

列宁的心一阵绞痛：祖国啊，你什么时候能对我们敞开怀抱？

母亲去世后，列宁的生活陷入了困难的境地。因为他以前主要生活就是靠母亲每年领取的一千二百金卢布养老金。

没有了母亲供给的生活来源，他只好靠以前不太看重的稿酬了，怎么的自己也得养活自己啊。

这年9月底，他就给一个朋友写信，说：

至于我自己很想要稿费，否则，简直活不下去了。物资昂贵，难以为生。应当向‘年鉴’的出版者硬把钱要来，我的两个小册子已经寄给他（让他付钱，马上付而且多付一些）。

归心似箭

1917年2月初，彼得格勒（原彼得堡，1914年改名）的面包越来越缺，排队买面包的队伍越来越长。

街上不断出现示威群众，工人们举着“要和平！要土地！要面包！”的牌子，并高呼“打倒专制暴政！”等口号。

2月22日还很平静，不过普梯洛夫工厂因工资纠纷而停工了。

停工的工人到各厂串联，商量一起罢工。

2月23日，有九万工人举行罢工。

2月24日，有二十四万工人罢工，罢工的工人涌上街头，高呼口号，举着横幅，开始游行示威。

2月26日，沃尔斯基军团有一部分士兵哗变，引起了列托夫斯基军团和普列沃勃拉任斯基军团一些士兵的响应。

游行的工人群众在配备有机枪的士兵（甚至还有装甲车）帮助下攻打兵营，占领了武器库。

得到武器的工人群众战斗力大大加强了，很快摧毁了警察总部，释放了监狱里的政治犯（别的犯人也跑出不少）。

傍晚，彼得格勒卫戍部队已瓦解成为起义的士兵，同工人们汇合在一起，逮捕了沙皇的大臣，占领了要害部门。

从监狱里释放出来的政治犯和工联、合作社运动的领袖以及孟什维克分子齐赫泽、斯柯别列夫成立了工人代表苏维埃临时执行委员会。

当天晚上在塔夫利达宫（杜马大厦）召开苏维埃会议，同时开始安排革命士兵的食宿。还成立了军事委员会，由一些民主主义者的军官组成。

当天晚上，苏维埃执行委员会为了全部控制局势，又召开了另一个会议——由社会民主工党的布尔什维克、孟什维克及其他无党派人士的代表参加。

会议做出关于城市地区建立民兵的指令，任命了各部部长，并采取各项措施使军事委员会的代表明确他们向执委会负责等决议。

至此，沙皇专制政府被推翻，结束了统治俄国达三百年之久的罗曼诺夫王朝。

二月革命的爆发和迅速取得胜利，使资产阶级非常恐慌。

2月27日，一些资产阶级代表急忙成立了一个国家杜马临时委员会，借口“恢复秩序”，抢先夺取政权。

本来，工兵苏维埃有力量挡住资产阶级夺权，但由于苏维埃政权中的孟什维克和社会革命党的头目采取了投降路线，致使资产阶级临时政府暂时存在下来，出现了与工兵苏维埃两个政权并存的局面。

列宁在瑞士是3月15日得到二月革命胜利的消息，他第一件事就是给一些党内的骨干分子写信，通报这个振奋人心的大好消息。

随后，他就给《真理报》写文章，分析二月革命胜利后的国内形势。他写的五篇文章总题目为《远方来信》。

同时，他也开始准备回国。当取道英国的计划落空后，他决定经德国回国。

3月27日，列宁决定立即动身，对妻子说：

“我决定今天就走，坐第一班火车。”

妻子说：

“可是离开车只剩两个小时了，东西怕收拾不完啊。再不，你先走，我随后走……”

列宁说：

“不，咱们一起走，能丢下的东西都送人。”

于是两个人开始忙碌起来，把应归还的书送归图书馆，烧毁不必保留的信件，收拾好随身携带的物品。

临行前，列宁把还剩有5法郎5生丁的存款交给前来送别的、布尔什维克苏黎世支部负责财务的哈利东诺娃，作为他们夫妇4月份的党费。

然后，告别送行的人群，他们与三十二位俄国政治侨民，从苏黎世坐火车启程回国。

到车站送行的人群用《国际歌》为他们送行。

他们这些人都被安排在一个车厢，门口有德国的两个军官把守。

3月30日，他们到达波罗的海沿岸的德国城市萨斯尼茨，当天改乘瑞典客轮去特雷勒堡。

到特雷勒堡后，列宁一行受到加涅茨基和瑞典左派社会党人格里姆伦德的欢迎。

由于列宁一行去马尔默的车票已订好，不便逗留，匆匆一晤，便乘火车来到马尔默。

他们到达时正是晚上8时40分，四天旅行使他们疲惫不堪，肚子也饿了。

好在下了火车，就被瑞典左派社会民主党人迎接到饭店的咖啡馆，受到了极为热情友好的款待。

在马尔默稍事逗留，他们继续坐火车前行。

1917年4月3日，列宁回到俄国受到热烈欢迎，他站在装甲车上发表演说（绘画）

终于在4月3日晚，列宁一行乘坐的火车进入了白岛车站——彼得格勒的前一站。

来这里欢迎的人有：

以俄国社会民主工党（布）中央局和彼得格勒委员会成员为首的彼得格勒工人代表团及《真

理报》编辑部的代表，其中有斯大林、柯伦泰、施略普尼柯夫，还有列宁姐姐安娜。

火车刚停稳，几百名工人们就欢呼着涌向车厢，等列宁一出现，他们就把列宁用手托起来，举行李似的托进车站大厅。

工人们放下列宁，在他周围紧紧围护成一个圈子，不让无关的人靠近他。

一个工人以代表团的名义向列宁致热烈的欢迎词，然后，列宁激动地作了简短讲话，对工人们对他的欢迎表示感谢。

接受护照检查后，列宁等人又登上车厢。火车在工人们雄壮的《国际歌》的歌声中启动，前行。

两个小时后，火车驶进彼得格勒车站。

这里的欢迎场面可比白岛车站盛大多了。在车站广场上已经等候着几千名工人和士兵。

仅普梯洛夫工厂就来了两千多工人。

水兵们为保护列宁来了一个混合部队。

广场上人山人海，一片欢腾：人们高举着红旗，擎着火把，打着“向列宁致敬”的横幅；还有军乐队，由水兵和其他兵种代表组成的仪仗队。

火车停稳，列宁刚走出车厢，就有一位大尉军官来到列宁面前行军礼，并做了简短报告。

列宁随后在军乐队奏的“马赛曲”中，检阅了水兵和其他兵种代表组成的仪仗队。

接着，他被请入车站大厅，与等候在那里的领导人们见面。这些领导人来自党的中央委员会、彼得格勒委员会、布尔什维克各区组织、彼得格勒苏维埃代表团。

彼得格勒工兵苏维埃的代表孟什维克分子斯柯别列夫、齐赫泽也来欢迎列宁。

列宁做了简短讲话，然后，他在众位领导人的簇拥下，走出大厅，回到广场上。

他在人群热烈的欢呼声中，被抬到装甲车上，开始了振奋人心的演讲……

生死关头

列宁回到彼得格勒的第二天（4月4日），在塔夫利达宫召开了布尔什维克党的领导工作人员会议和出席全俄工兵代表苏维埃会议的布尔什维克和孟什维克代表的联席会议。

列宁在这次会议上，做了题为《论无产阶级在这次革命中的任务》的报告。

列宁在报告中指出：

列宁在彼得格勒的秘密住所

既然沙皇专制制度已被推翻，政权已被资产阶级窃取，那么俄国的资产阶级民主革命就基本完成了。

现在要解决的是广大人民群众的和平、土地与面包的问题，因此，必须及时把资产阶级民主革命转变为社会主义革命。

他说：

“目前俄国的特点是从革命的第一阶段过渡到革命的第二阶段，第一阶段由于无产阶级的觉悟性和组织性不够，政权落到了资产阶级手中，第二阶段则应当使政权转到无产阶级和贫苦农民阶层手中。”

他认为：

为实现从资产阶级民主革命向社会主义革命的转变，在政治方面主要是建立无产阶级专政。

列宁的讲话像巨雷把人们震醒了，又像闪电划过，让人们看清了眼前要走的道路。

会后，列宁抽空到沃尔科夫公墓祭奠了母亲和妹妹。

随后，他又忙着召开各种座谈会、讨论会，进一步解释和宣传他的报告（史称《四月提纲》）。

4月24日，列宁领导召开了俄国社会民主工党（布）第七次全国代表大会。

会议在女子医学院的大楼里举行。

参加会议的有一百五十一名代表，代表着八万党员。

列宁被选为大会名誉主席，他以《四月提纲》为基础向大会做了报告。

大会通过列宁提出的一些决议草案。

大会选出了九名中央委员：列宁、季诺维也夫、加米涅夫、米柳亭、诺根、斯维尔德洛夫、斯米尔加、斯大林、费多罗夫。

在“七大”之后，布尔什维克党开始了卓有成效的工作，宣传党的思想，鼓动工人上街游行，革命声势一浪高过一浪。

资产阶级临时政府眼看自己的政权岌岌可危，也不想束手待毙，于是决定先下手为强。

7月4日，又有约五十万工人、士兵和水兵上街游行，但遭到了临时政府调来的军队和士官生的突然袭击，造成四百余人死伤的惨案。

因为首都和外省军队还未做好支持工人起义的准备，列宁不赞成立即举行武装起义推翻临时政府，所以，尽管发生流血冲突，布尔什维克党还是选择了忍耐。

他们的忍耐却助长了临时政府的猖狂。

惨案发生后，临时政府凶相毕露，开始对布尔什维克疯狂镇压：查封了《真理报》，解除了工人赤卫队武装，大肆逮捕布尔什维克的革命活动家。

7月7日，临时政府下令逮捕列宁和其他布尔什维克领导人，并重金悬赏列宁的首级。

当天晚上，在忠诚的老布尔什维克阿利路也夫家里，列宁与来访的斯大林、诺根、斯塔索娃、奥尔忠尼启泽及妻子克鲁普斯卡娅商议对策。

诺根说：

“政府要逮捕列宁同志，罪名是背叛祖国，背叛革命，那些不明真相的立宪民主党、孟什维克和社会革命党都在报刊上发表文章，要求列宁同志出庭受审。我的意见，不如让列宁同志出庭，在法庭上揭露敌人，教育群众，争取舆论对我们的支持。”

“不！我坚决反对这么干！”斯大林打断了诺根的话，又说：

“这太冒险了！列宁同志等不到出庭，就会被打死！这是肯定的，谁都不应怀疑的！”

列宁说：

“如果中央执委会认为我出庭对革命有利，我可以前往中央执委会指定的地点接受逮捕……”

“不行！”奥尔忠尼启泽打断了列宁的话，又说：

“列宁同志无论如何不能被捕，这对我们党的革命热情会造成巨大影响，况且那帮混蛋也不是靠他的舌头能战胜的！

“再说，那个奸细列辛斯基一口咬定列宁同志是德国间谍，报纸也登出来了，我们党的许多同志也被搞糊涂了，那帮混蛋极有可能以德国间谍罪枪毙列宁同志，以此来欺骗广大群众。

“所以，我认为，列宁同志不但不能被捕，而且必须立即转移到安全地方保护起来，他是我们的旗帜，我们的灵魂，我们不能让他出一点差错！”

斯大林说：

“我完全同意奥尔忠尼启泽同志的意见。”

斯塔索娃也说：

“我也赞同。列宁同志应该离开彼得格勒，他可以在别的地方指挥我们斗争，他侨居国外的时候不也一样吗？”

诺根说：

化妆后的列宁

“既然这样，我放弃自己的想法，支持让列宁同志安全转移。”

7月11日夜里11时左右，受布尔什维克中央委员会的委托，斯大林和阿利路也夫秘密护送列宁乘海滨车站最后一趟火车，来到了拉兹里夫车站。把列宁送到了车站附近的工人党员叶梅利扬诺夫家里。

斯大林对叶梅利扬诺夫郑重地说：

“党把列宁同志交给你们了，这是党对你及你全家的信任。”

叶梅利扬诺夫激动而豪壮地说：

“请党放心，只要我们全家还有一个人活着，就决不会让列宁同志出事！”

接受这个重大任务后，叶梅利扬诺夫和妻子商量如何把列宁保护好，最终决定安排列宁隐藏到拉兹里夫湖畔去。

他们还决定把列宁装扮成居民雇来割草的芬兰人。

于是，他们悄悄地在湖对岸租了一块草地，搭起了一个窝棚，储备了一些日常生活用品，就把列宁送到这个窝棚里来了。

到窝棚必须用小船摆渡过湖，他们还确定了与列宁见面的暗语，暗语对不上，列宁就不现身。

窝棚是用树枝搭的，上面披上草，简陋得一点也不引人注意。在窝棚旁边还砌了个炉灶，有时可以烧火做饭。

列宁对这里很满意，尽管晚上他只能睡在窝棚的干草上，还有驱之不去的蚊子袭击，可他决定在这里继续读书写作。

他就是在这窝棚里开始写名著《国家与革命》的。

7月中旬的一天，奥尔忠尼启泽来找列宁，叶梅利扬诺夫的妻子让十来岁的儿子领他去窝棚。

男孩领他来到湖边，找到一条藏起来的小船，他们划船到对岸，走进茂密的灌木丛，男孩喊了一声暗语，叶梅利扬诺夫从一个干草垛旁走出，见到奥尔忠尼启泽问明来意。

这时，一个刮过脸，全身农民装扮的人走过来向奥尔忠尼启泽问好。

“您是？”奥尔忠尼启泽认不出这个人是谁了。

“你认不出我了吗？我是列宁啊！”列宁和奥尔忠尼启泽握手，笑着说。

奥尔忠尼启泽转身对叶梅利扬诺夫说：

“你们做得好极了！党没有！错人！”

然后，他们就到窝棚里谈话。

奥尔忠尼启泽汇报了彼得格勒的情况，列宁听后又提出几个问题，然后对当前各项工作进行了重要指示。

次日，奥尔忠尼启泽带着列宁写的文章和给斯大林的信，秘密返回彼得格勒。

到8月初，鉴于局势日趋紧张，中央委员会决定把列宁转移到芬兰去，并委托绍特曼来安排。

于是，8月9日，列宁化装成火车司机，秘密躲过反动军警搜查，来到了芬兰，暂时住在亚尔卜拉村，继续写作《国家与革命》。

同时，他每天阅读大量报纸，密切注意着国内的形势。

关键时刻

1917年10月1日，认为武装起义时机已经成熟的列宁写了《给中央委员会、莫斯科委员会、彼得格勒委员会以及彼得格勒和莫斯科苏维埃布什维克代表的信》，建议立即举行起义。

10月3日，俄国社会民主工党（布）中央委员会通过决定：

“建议伊里奇迁到彼得格勒，以便保持经常和密切的联系。”

10月7日，列宁从维堡返回彼得格勒，住进了老布尔什维克福法诺娃的家里。为了及时了解形势，制定正确的方针路线，列宁要求福法诺娃必须在每天8时之前买回各种报纸。

10月10日晚，列宁主持召开了俄国社会民主工党（布）中央委员会。

列宁在会上做了关于当前形势的报告。

他在报告中指出：目前，夺取政权在政治上已经成熟，党的当务之急是做好武装起义的军事技术方面的准备，应把起义提到日程上来。

在对列宁提出的立即举行武装起义这项决议表决时，有十票赞成，两票反对。

投反对票的是：季诺维也夫、加米涅夫。

托洛茨基虽然没有公开投反对票，但他建议在苏维埃第二次代表大会之前不要开始起义。

在十票对两票的情况下，会议通过了武装起义的决议，并成立了对起义进行领导的七人政治局。

政治局人员有：列宁、托洛茨基、季诺维也夫、加米涅夫、斯大林、索柯里尼柯夫和布勃诺夫。

10月12日，彼得格勒苏维埃成立了以托洛茨基为首的布尔什维克领导武装起义的指挥机关和战斗机关——革命军事委员会。

10月16日晚上，在列宁的领导下，召开了中央委员会扩大会议，专门讨论武装起义问题。

列宁在会上做了报告，重申10月10日会议精神，并做了详细说明。

对于是否马上进行武装起义，会议进行了热烈的讨论，几乎所有的人都发了言，讨论到次日凌晨才对决议进行表决。

表决结果：十九票赞成、两票反对、四票弃权。

反对者仍然是：季诺维也夫和加米涅夫。

会议以多数票通过决议：马上进行武装起义。

在中央委员会的秘密会议上，成立了领导武装起义的军事革命总部，总部由下列人员组成：布勃诺夫、捷尔任斯基、斯维尔德洛夫、斯大林、乌里茨基。

就在布尔什维克全党上下正为武装起义做准备时，却发生了一件意外的事件：

10月18日，季诺维也夫和加米涅夫在孟什维克的《新生活报》上公开发表声明，反对布尔什维克党中央委员会关于武装起义的决定。

这实际上等于把党组织武装起义的秘密暴露给敌人。

列宁真是气坏了，他当天就写了《给布尔什维克党党员的信》，说：

> 过去我同这两个从前的同志关系很密切，如果我因此犹豫起来，不能坚决地谴责他们，那我认为这是自己的耻辱。我直率地说，我不再把他们两个当作同志了，我要尽力向中央和代表大会提出，无论如何要把他们两人开除出党。

由于这两人泄露了机密，10月20日，临时政府司法部部长指示彼得格勒高等法院检察官立即执行逮捕列宁的命令。

10月20夜，列宁在一个工人的住宅秘密会见了中央局军队领导人安东诺夫、涅夫斯基、波德沃依斯基等人，向他们了解武装起义准备工作进展情况。

托洛茨基也在座，他仍然主张在召开第二次苏维埃代表大会之前不要举行起义。

列宁批评他说：

“托洛茨基的主张是不对的，我们不能指望和平解决问题，能有不经过战斗就能得到政权的好事吗？回答是：没有！必须战斗！这是我们应该坚定不移的！”

波德沃依斯基提出推迟起义时间，说：

“针对军事局已决定派代表到北方战线、西南战线的一些城市中去，了解那里能给予什么样的支援，在那些代表未回来之前，我认为应该推迟起义。”

“不！这不能成为推迟起义的理由！”

列宁果断地说：

“我们不能再给敌人以喘息的机会了！况且，敌人已知道了我们起义的意图，再等下去我们就只能错失良机，失败的一定是我们！”

这次谈话坚定了军事领导者们的信心。

10月24日，布尔什维克中央委员会开始实施列宁的武装起义计划。

列宁在福法诺娃的秘密住宅里坐立不安，牵挂着起义的情况。他不止一次地让福法诺娃给维堡党委会和妻子送便条，请求他们同党中央取得联系，允许他到斯莫尔尼宫去参加领导起义的工作。

当天，他担心中央委员会仍然犹豫不决，就写了一封《给中央委员的信》，建议一定要在当晚推翻临时政府，夺取政权。

他在信中说：

“拖延发动就等于死亡！”

“不能等待了！等待会丧失一切！”

晚上，联络员拉希亚来到列宁住处，说：

“我看见敌人要把河上的所有吊桥都拉起来，而且每座桥上都有士兵把守。”

列宁皱了皱眉，说：

“如果真要那样的话对我们很不利，就会使每个区孤军作战，很容易被击败。”

他在屋里踱着步，思考着，又对拉希亚说：

“你立即去通知斯大林到我这里来一趟。”

拉希亚说：

“斯大林在斯莫尔尼宫，来回最快也得几个小时，恐怕午夜之前赶不到这里。”

列宁果断地说：

“那我们就去斯莫尔尼宫！”

拉希亚忙说：

“太危险了，路上……”

列宁打断他的话，说：

“走吧，同志。”

为了安全起见，拉希亚给列宁化了装，戴上假发和鸭舌帽，脸也用一条头巾裹着，像个受伤的病人。

接近晚8时，他们前往萨姆普桑大街，一路上还算顺利。可是在利齐尧大桥上，却遇上临时警卫队的盘查。

列宁和拉希亚没有通行证，他们要么被扣押，要么被赶回来。

而这两种结果都是他们不愿接受的。

拉希亚低声对列宁说：

“我缠住他们，你绕过去。”

说完，就快步上前，等士兵朝他要通行证时，他就同士兵粗暴地吵起架来，说自己是流浪汉，到屁地方搞通行证啊！

列宁悄悄地从他们身边走过去了。

他走了一段路，拉希亚才跑着追上来，笑嘻嘻说：

“他们也惹不起我这个流浪汉。”

他们来到斯莫尔尼宫门前，又遇上哨兵检查通行证，还有许多群众聚集在这里。

拉希亚怕列宁被群众缠住，误了指挥起义大事，也怕列宁不安全，所以用假通行证骗过哨兵，护着列宁一路闯进宫来。

列宁在宫内见到了斯大林、斯维尔德洛夫、布勃诺夫、托洛茨基等人。

见到列宁只身赶来，大厅内一片欢呼。

斯大林等人上前围住列宁，布勃诺夫说：

“列宁同志，我们正在实施您的起义计划。”

列宁看了几位战友一眼，问：

“为什么还不下命令？开始吧，要抢在吊桥拉上去之前行动！”

于是，他亲自向彼得格勒各区负责武装起义的领导人发布命令：要求立即采取行动，攻击关键目标！

起义开始了，枪炮声打破了夜空的宁静。

这次起义，布尔什维克投入了二十多万赤卫队员和革命士兵。

整个彼得格勒变成了血与火的城市。

列宁和其他领导人焦急地关注着战斗，不时听取从四面八方传来的战报。

10月24日24时，军事委员会委员斯维尔德洛夫命令波罗的海舰队把载有战斗部队的军舰从赫尔辛福开往彼得格勒。

10月25日凌晨1时25分，赤卫队和革命士兵攻占了邮政总局。

2时，攻占了尼古拉车站、波罗的海车站、中央发电站。

3时30分，“阿芙乐尔”号巡洋舰在尼古拉耶夫桥旁抛锚，把巨炮对准了临时政府的最后堡垒——冬宫。

6时，攻占了国家银行。

7时，攻占了中央电话局。冬宫内与军区的电话通讯全部被切断。

9时，进攻部队占领了通往冬宫的各条要道，临时政府陷于孤立无援的境地。临时政府总理克伦斯基坐着挂着美国国旗的汽车逃出首都。

10时，彼得格勒工兵代表苏维埃军事委员会签发了列宁起草的《告俄国公民书》，并于当天发表在《工人和士兵报》上，同时印成传单散发各地。

《告俄国公民书》宣布：临时政府已被推翻。国家政权已转到彼得格勒工兵代表苏维埃机关，即领导彼得格勒无产阶级和卫戍部队军事委员会手中。

下午5时，冬宫的一切出口被封锁，包围圈缩得越来越小了。

军事总部向盘踞在冬宫内的临时政府发出最后通牒：限6时20分前无条件投降！

但临时政府没有放下武器。

于是，列宁亲自下令：炮击冬宫。

晚9时，“阿芙乐尔”号巡洋舰上的巨炮发出了怒吼。

革命战士向冬宫发起了猛烈进攻。

见大势已去，冬宫守军六辆装甲车有五辆投诚，并调转枪口加入进攻队伍。

战斗异常激烈。

到10月26日凌晨3时，冬宫被攻占。临时政府的部长们成了阶下囚。

列宁已经两天两夜没睡觉了，他听到冬宫被占领后，不自觉地打了个哈欠，说：

“终于结束了。”

巩固政权

1917年10月26日凌晨3时，冬宫被攻占后，列宁打了个盹，时间不到三小时。然后，他起草了苏维埃政权的第一个法令——《土地法令》草案。

10月26日一天，仍然是紧张繁忙的，列宁主持召开了党中央委员会议，研究了组建苏维埃政府的问题。

当有人对这批新的领导人表示担心时，列宁说：

“目前所有的岗位上都需要负责的人员，做了再看吧，如果不行，我们还能调换。”

在这次会议上，他还提出迅速组织力量来保卫首都，防止逃跑的克伦斯基组织军队进攻。

列宁可不想重蹈巴黎公社失败的覆辙。

10月26日晚上9时，全俄苏维埃第二次代表大会召开了第二次会议。

列宁向大会做了关于和平和土地问题的报告。

大会通过列宁起草的《和平法令》和《土地法令》。

《和平法令》宣布完全废除一切侵略性条约，建议各交战国人民及其政府立即就缔结普遍的、公正的民主和约问题进行谈判。

《土地法令》宣布无偿地没收地主一切土地，把土地全部交给人民。

大会还选举了新的全苏维埃中央执行委员会，主席为加米涅夫，委员一百零一名。

大会还组建了新的政府机构——人民委员会。

大会任命列宁为人民委员会主席（政府总理），人民委员（部长）由以下人员担任：

内务人民委员——李可夫；

农业人民委员——米柳亭；

劳动人民委员——施略普尼柯夫；

陆军人民委员——安东诺夫、克雷连柯；

海军人民委员——德宾科；

商业人民委员——诺根；

教育人民委员——卢那察尔斯基；

财政人民委员——斯切潘诺夫；

外交人民委员——托洛茨基；

司法人民委员——洛莫夫；

粮食人民委员——泰奥多罗维奇；

邮电人民委员——格列博夫；

民族事务人民委员——斯大林。

列宁和他的战友们虽然夺取了政权，但他得到的却是个烂摊子，且不说国内问题成堆，困难重重，世界大战仍然打得十分热闹。

列宁深知要守住政权，治理好国家，并不比夺取政权容易。

于是，他以大无畏的精神和非凡的才智，开始了扎扎实实的工作。

针对彼得格勒严重的粮荒，政府建议把工人家庭的孩子疏散到有粮食的省份去。列宁特别不放心孩子们，于是嘱咐妻子克鲁普斯卡娅去协助办理这件事。

在政府工作中财政和银行部门的困难最大。列宁亲自任命皮达可夫为国家银行经理，奥新斯基为国家银行的政治委员，命令他们尽快搞到一千万卢布作为新政府的经费。

他所信任的人没让他失望，很快，这笔钱搞到了，缓解了政府经费不足。

为了彻底实现银行的国有化，列宁特意派富有实干精神的斯大林领导这项工作。

教育也是列宁十分关注的部门。对教育人民委员做卢那察尔斯基的工作汇报，他总是排在前面听，并做出详细的指示和安排。

当前，最让列宁关注的还是平定叛乱，因为他已经获悉克伦斯基逃到北方战线司令部，调动了沙俄将军克拉斯诺夫指挥的哥萨克部队向彼得格勒进攻，已占领了加契纳，直接威胁到了彼得格勒。

列宁亲自主持召开了步兵、炮兵和水兵的军官作战计划会议。

他对陆军作战计划给予了肯定，但对海军作战计划提出了意见，说：

“根据你们提供的舰炮的射程，我刚才在地图上测量了距离，如果按照计划上安排的军舰位置，一些防卫点就无法得到舰炮的保护了。我认为，应该把军舰配置在较近的地方，以便使舰炮与岸上的大炮配合起来，形成交叉火力，这样就可以增强攻击力。”

列宁的意见得到军官们的认同，结果按列宁说的，修改了海军作战计划。

战斗打响后，从前线送回的战报上可验证，列宁对海军作战计划的修改意见是正确的。

由于列宁早就注意到了保卫首都的重要性，克伦斯基调动了这支叛乱军队很快被击溃。

外面的敌人刚击溃，党内的斗争又开始了。

立宪会议是资产阶级民主的一种形式。列宁决定解散立宪会议，这是他保卫新生政权的又一果断措施。

他认为，对于无产阶级社会主义革命来说，立宪会议是一种倒退。

列宁的这个决定虽然遭到一些抵制和反对，但还是被全俄中央执行委员会通过了。

接下来，关于是否与孟什维克和社会革命党组成联合政府的问题，列宁与党内的一些重要领导产生了分歧。

主张组成联合政府的人有加米涅夫、季诺维也夫、李可夫、米柳亭、梁赞诺夫等人，他们甚至与中央对抗，出台了决议案，要求改变政府的组成，让出一半席位给孟什维克和社会革命党。

列宁对此非常气愤，他起草了中央给加米涅夫等人的最后通牒，指出：

既然全俄苏维埃第二次代表大会代表千百万工人、士兵和农民把政权交给了布尔什维克党，那么，强迫布尔什维克党放弃政权的任何企图都是对无产阶级事业的背叛。

但这些人固执己见，加米涅夫、季诺维也夫、米柳亭和诺根竟然退出了中央委员会，并继续与中央的决议相对抗。

列宁没有妥协，写信给这四个人：要么立即书面保证服从中央的决议，要么在召开党的代表大会以前退党并辞去工人运动中的一切重要职务。

这四个人见列宁真来硬的了，知道也搞不成联合政府了，就软下来，不再坚持反对意见。

列宁以宽大的胸怀接纳了他们，仍让他们重新担任党内重要职务。这件事最好地体现了列宁对待反对过自己的人的政策和宽容态度。

1917年11月16日，党中央决定组成四人中央领导核心，这四人是：列宁、斯大林、托洛茨基、斯维尔德洛夫。

此后，由列宁主持会议，亲自领导制定了一系列重要法令，内容包括：

根除军队中的一切不平等现象，加强军队中的民主建设；

放宽婚姻法和离婚法，强调法律上的男女平等；

取消私有财产；

实行工业和银行国有化；

实行八小时工作制；

吸收工人参加管理等等。

这些都是俄国前所未有的社会主义新制度。

是战还是和

苏维埃新生政权一诞生，就颁布了《和平法令》，可是别的交战国根本不理他们这一套，照打不误。

别国打得起，可列宁知道自己国家打不起。国内叛乱不断，又闹粮荒，而且百废待兴，哪有力量再打仗啊！

怎么办？他决定与德国停战谈判，缔结和约，先争得喘息的时机，把国内的烂摊子收拾完再说。

列宁要停战谈判，碰到的第一个钉子就是俄国代理总司令杜鹤宁。

杜鹤宁拒不执行政府要求他向各交战国建议停火的命令。

当这消息传回政府，许多人（包括高层领导）一时惊慌失措：怎么办？杜鹤宁手里操纵着一千四百万军队，如果他与克伦斯基的叛军相联合，摧毁彼得格勒和新生政权轻而易举。

但列宁镇定自若，他立即给杜鹤宁发了一封紧急电报：

由于您不服从政府的命令，由于您的行为给各国劳动群众，特别是给军队带来了空前深重的灾难，我们受人民委员会的委托，以俄罗斯政府的名义解除你所担负的职务。任命克雷连柯准尉为总司令。

1917年11月9日，凌晨4时30分，列宁、斯大林同克雷连柯一起驱车前往陆海军电台。

早6时，电台广播了列宁起草的《致各团、师、军、集团军等委员会、全体革命陆军士兵和革命海军水兵书》。列宁号召士兵和水兵担负起停止战争，争取和平的使命，维持前线的秩序。

这样一广播，杜鹤宁傻眼了，他想，不服从即被撤职，想叛乱也不可能了。

11月11日，列宁召见与德国进行谈判的代表托洛茨基、克雷连柯和越飞，就谈判事宜做了详细的指示。

11月20日，俄、德两国谈判代表在德军司令部所在地布列斯特开始进行停战谈判。

经过谈判，1917年12月2日，两国签订了临时停战条约：缔约双方停止军事行动并保证军队不做任何调动；停战时间是1918年1月1日之前。

停战了，太好了，漫长的战线上两国士兵的欢笑声和歌声代替了枪炮声。但这样的和平能长久吗?

列宁也在思考这个问题；怎样才能把临时停战变成持久而稳固的和平?

他指示谈判代表团抓紧时间与德国签订和约，变临时停战为持久的和平。

12月9日，两国又在布列斯特进行谈判。俄国提出的原则是：

一是承认各民族一律平等并拥有自决权。

二是占领军必须在短期内从被占领的土地上撤走并恢复各民族的政权独立。

三是完全放弃兼并和赔偿的要求，容许殖民地人民政治独立和自由发展。

这些谈判德国及其盟国代表只是应付，表面上挺合作，实际上是另有打算——也许是未得到决策层的指示。

12月18日，再次谈判时，德国代表突然拿出一张他们重新标明国界的新地图（地图把俄国大片领地都划归了德国），要求俄国在承认新地图的基础上谈判。

苏俄代表团团长托洛茨基立即被激怒了，他立即给列宁打电报，声称德国的条件难以接受，提出了一个“不战不和”的方案，要求中央拿出具体意见。

列宁这边还没表态，在12月27日再谈判时，德国谈判代表扔掉了假面具，强硬地声明：

一、德国完全拒绝民族自决的原则。

二、德军不退出它所占领的波兰、波罗的海沿岸和部分白俄罗斯领土。

三、如果苏维埃俄国不接受他们的条件，就立即恢复军事行动。

代表团把德国的强硬声明电告国内，列宁清醒地看到了摆在俄国苏维埃政府面前的两种选择：

要么与德国及其盟国签订对自己极为不利的苛刻屈辱的条约，以换取生存的条件；要么同比自己强大的敌人作战。二者必择其一。

列宁选择了妥协，而不是继续进行战争。

理由很简单，根据现实俄国的状况，若妥协，政权和俄国还能生存，作战就有可能亡国。

但这问题并不是所有人都看得这么深透。

列宁的妥协主张一公布，立即遭到许多人的反对。

莫斯科区域局甚至全体通过一项决议：停止和谈，继续作战。

彼得格勒委员会也赞成同德国作战。

国内的敌对势力开始散布谣言，说布尔什维克政府让德国收买了，所以要签订丧权辱国的条约。

一时间党内党外人心惶惶，一片混乱。

这时候，托洛茨基一再致电列宁，急切催促列宁对他“不战不和”方案给予明确答复。

每封电报都像巨石一样撞击着列宁的心：战不能战！和又不能和！“不战不和”能行得通吗?

经过与斯大林商量，电告托洛茨基暂时中断和谈，让他回到彼得格勒面议对策。

托洛茨基一回到彼得格勒，列宁就与他进行了严肃的交谈。

列宁企图劝说托洛茨基支持他签订和约的主张，但托洛茨基顽固地坚持他的“不战不和”策略。

两个人谁也说服不了谁，决定召开中央委员和党的工作者会再议。

1918年1月8日，在召开的中央委员和党的工作者会上，列宁宣读了《关于立刻缔结单独的割地和约问题的提纲》，阐述了只有缔结和约，才能求得生存，求得生存才有希望变得强大的重要思想。

围绕是战、是和、是“不战不和”，会上展开了激烈争论。

最后因分歧太大，只好投票表决，结果参加会议的六十三人中，三十二票主战，十五票主和；十六票主张“不战不和”。

列宁在会上已经辩论累了，这一表决结果让他感到更累。

会后，他由妻子陪着到涅瓦河畔散步。

天很冷，涅瓦河早就冻僵了，这是一条古老的多灾多难的河。寒风卷起河面上的雪粉，扑到列宁和妻子的脸上，他们全然不觉，仍然慢慢地走着。

忽然列宁轻声地笑了笑。

妻子一怔，停住脚步，有些担心地看着列宁；仿佛在问：这时候你居然还笑得出来？是不是出了什么毛病？

列宁也停住脚，轻轻地掸落妻子肩上的雪粉，说：

“你很奇怪我为什么发笑，是吗？”

不等妻子回答，他又说：

“我想起了小时候和小伙伴一起在河里划船，船沉了，一个小伙伴的一只靴子沉到河里去了，他们怎么也找不到，后来我下去打捞……”

克鲁普斯卡娅也笑了笑，追问一句：

“捞到了吗？”

列宁说：

“捞到了，就在我要放弃的时候竟然捞到了。”

轻轻地叹息一声，又说：

“通过捞靴子，让我懂得一个人不论做什么事，都不要轻易放弃；只要不放弃，也许这世上根本就没有做不成的事。”

列宁没有放弃他签订和约的主张。

当再次开中央委员会投票表决时，针对“不战不和”九票对“和”七票的情况，列宁改变策略，提出竭力拖延谈判时间的建议。这一建议近乎“不战不和”，所以获多数票通过。

就在拖延谈判的时间里，托洛茨基违背列宁的方针，采取冒险主义，宣布单方面停止战争。

他的做法实际上是中断了和谈，给德国破坏停战，恢复军事行动提供了口实。

1918年2月16日19时30分，德军发表声明，结束俄德停战，恢复战争状态。

2月18日夜，德国发起进攻，迅速攻占了文登、明斯克等城市。

2月19日凌晨4时，列宁主持召开了人民委员会紧急会议，通过了给德国政府的求和电报。

“求和”决议在17日晚终于在中央委员会上以微弱的多数被通过。

电报发出去了，可德国和不和还不一定，必须做好长时间战争的准备。

2月21日深夜，人民委员会通过了列宁起草的法令《社会主义祖国在危急中！》

法令号召全国人民奋起保卫自己的祖国。2月23日，仅彼得格勒的维堡区就有三千多名志愿者报名参加武装部队，这天成了苏维埃红军诞生的日子。

也就在2月23日这天，苏维埃政府收到了德国政府的答复。

德国在答复中提出了新的、更加苛刻的条件，并限定俄国必须在48小时之内接受。

为此，列宁当天主持召开了中央委员会，会上就是否接受德国苛刻条件签订和约，展开了更为激烈的争论。

最后仍然经过投票表决，结果是主张签订和约的七人，反对的四人，另有四人弃权。会议总算通过了按德国提出的条件立即签订和约的建议。

同一天，列宁又忙着召开各种必要的大会小会，对签订和约的决议进行解释、说明。

2月24日，苏维埃政府通知德国及盟国，同意按照它们所提条件签订和约，同时，派出“签约”代表团前往布列斯特。

3月3日，俄德两国签订了和约，即《布列斯特和约》。

3月上旬，列宁出于战略上的考虑决定把首都从彼得格勒迁到莫斯科。因为这时候《布列斯特和约》未经全俄苏维埃代表大会通过，还未生效，他担心德军的进攻威胁到首都。

3月10日晚10时，列宁同其他中央委员和各部人民委员乘专列离开彼得格勒，前往莫斯科。

3月14日，全俄苏维埃第四次（非常）代表大会在莫斯科召开，经过列宁等人的努力，大会终于通过和批准了《布列斯特和约》。

奋起抗击

《布列斯特和约》的签订，让苏维埃俄国得到了和平喘息的时机，它一面积极组建红军，一面组织经济建设，解决一些难题。

这时，摆在苏维埃政府面前的最大难题就是饥荒。

那些富农囤积粮食，制造饥荒，以便阴险地反对苏维埃政权。

也有些唯利是图的商人囤积粮食，牟取暴利。

1918年4月的一天，列宁召开了一个关于粮食的短会。然后专门听取粮食部长的汇报。

粮食部长（人民委员）告诉列宁，莫斯科只有一天半的存粮了，全部贮备已经耗尽。

列宁点了点头，说：

“我知道了。去执行我们在会上的决定吧。我相信采取征粮队的办法是能解决问题的。”

征粮队说白了，就是带有武器，从投机商人和富农手中无偿地夺取粮食，把征得的粮食上交政府，以解决城市居民的口粮。

另外，征粮队还团结贫农帮他们夺粮，并把夺到的粮食分给农民一些。

有的地方反革命分子利用饥荒煽动叛乱，列宁知道后下令予以严惩。

在“严惩”方面，斯大林敢下狠手，他甚至下令把叛乱分子的村庄全部烧光。

仁慈的列宁为斯大林的手段感到吃惊，但想到千百万饥民和那些嗷嗷待哺的孩子，他忍着没批评斯大林。

更为严重的是，搞不到粮食，前线红军将士吃什么？

（这时残酷的国内战争已经爆发了。）

到了5月，饥荒更加严重了，政府内没人能吃饱饭，管粮食的粮食部长饿晕在他的办公室里。

人们都知道，不能让前线的红军饿着肚子打仗，他们能不吃就不吃了——吃也吃不饱。

列宁本人的食品供应也不好，经常吃了上顿没下顿。他中午吃政府食堂的午餐，只是稀汤和黍米粥，外加八分之一磅的黑面包。

有一次他身边的女服务员弄错了，多给列宁送去了几磅面包，列宁默默地切下分外的面包，让女服务员把多余的送回去。

人们怕列宁挨饿，从各地寄来很多食品，列宁告诉身边的警卫和服务员，凡有食品寄来一律送交学校和保育院，一点也不要留，谁留一点给谁处分。

列宁在莫斯科克里姆林宫

饥荒笼罩着俄罗斯大地，而俄罗斯的坚强儿女们还要饿着肚子同国外的武装干涉及国内的叛军战斗。

国外的武装干涉是怎么回事呢?

原来俄德签订《布列斯特和约》时，协约国和德国在西欧正打得热闹。协约国担心德国摆脱了东线作战的俄国对他们不利，更害怕十月革命波及西欧，因此决心出兵武装干涉，要把新生的苏维埃政权扼杀在摇篮里。

而俄国的反革势力正愁没钱没枪，于是两股反苏维埃势力就联合在一起，气势汹汹地开始了进攻。

1918年3月6日，英国“格格里号”巡洋舰陆战队在俄北部摩尔曼斯克登陆。占领了阿尔汉格尔斯克。

3月13日，美总统威尔逊以助俄反德为借口，下令美巡洋舰“奥林区亚号”开赴摩尔曼斯克。

3月18日，法国“奥布海军上将号”巡洋舰也驶抵摩尔曼斯克。

4月5日，在东线，日本军队在海参崴登陆，迅速占领了滨海地区。

几乎同时，英军在远东边疆区登陆。

这时和约还未生效，德军也步步向前进逼。并协助哥萨克白匪占领了顿河畔罗斯托夫，在顿河州建立了克拉斯诺夫将军的反革命专政。

5月底，捷克斯洛伐克军团在英法的策动下发生叛乱，等于在俄国心脏爆炸了一颗大炸弹，使苏维埃共和国形势更加危急！因为他们控制了一些重要的粮食基地。

到1918年夏秋，苏维埃共和国陷入敌人的合围，四分之三的领土被敌人占领。

形势万分危急!

列宁亲自领导，采取积极应对策略。他首先力促签订了《布列斯特和约》，在西线稳住了德军。

然后组成北部防线，与从摩尔曼斯克进攻来的英法联军交战。

对于东线的日军，他致电西伯利亚苏维埃中央执行委员会，储备粮食及食品做好长期防御工作，炸毁铁轨，储备铁路器材，运走车厢和机车，在外贝加尔一带布设地雷屏障，等待援军。

西伯利亚太远，日军短时间内无法攻入重要区域。所以，暂时不用派兵迎击——也无兵可派。

接着又组成东南方防线，迎击土耳其斯坦、巴库和阿斯特拉罕的叛军。

最主要的战线则是反击捷克斯洛伐克军团。这支军团是由奥匈军队的战俘组成的，有四万五千人。从5底至6月初，这支叛军从奔萨到符拉迪沃斯托克的铁路一线铺开，凶猛向前推进，先后占领了车里雅宾斯克、新尼古拉耶夫斯克、奔萨、塞兹兰、鄂木斯克、萨马拉、乌发。

为了抗击敌人，列宁在起草《社会主义祖国在危急中！》法令之后，又写了《工人同志们！大家都来进行最后的决战！》一文。

他提出了“一切为了前线！”的口号。

他为了加强军队的政治思想教育工作，提议在军队建立政委制，把革命的政治思想贯彻到部队之中。

他提出“全民皆兵”，也就是“军事共产主义”，按劳分配食物和所需物品，不劳动者不得食。

在列宁的号召鼓动之下，全国变成一座大军营，奋起抗击国内外敌人的进攻。

遇 刺

外国武装干涉和国内叛乱，助长了反革命势力的嚣张气焰。

1918年7月5日晚，正在召开的全俄苏维埃第五次代表大会的会场被人投进一颗手榴弹，造成流血事件。

7月6日下午，德国大使馆被人投掷一颗炸弹，炸死了德国大使米尔巴赫伯爵。

随后，左派社会革命党人的叛乱爆发了，他们向克里姆林宫开炮，炮弹击中了布拉戈维申斯克教堂。

叛乱分子逮捕了全俄肃反委员会主席捷尔任斯基和莫斯科苏维埃主席斯米多维奇，并占领了电报局、电话局、发表了宣言和通电，似乎已经夺得了政权。

列宁积极应对，临危不慌。他得知德国大使被炸死后，立即来到德国大使馆慰问了被害者的家属，并表明正采取一切措施追捕凶手。

然后发表了《致俄共各区委员会、各区苏维埃、各红军司令部》电话稿，通告德国大使被杀事件，指示动员一切力量搜捕凶手。

7月6日傍晚，列宁紧急召见司法部长（人民委员）斯图契卡及拉脱维亚苏维埃步兵师政委彼得松和达尼舍夫斯基，向他们布置镇压左派社会革命党人叛乱的战斗任务。

“部队的士气怎么样？”列宁布置完，特别问了一句。

达尼舍夫斯基回答：

“士兵们对叛乱分子非常气愤，也在担心您的安全！如果您能抽出时间接见一下团级的指挥员，那会起到很大作用。”

“好吧。”列宁点头表示同意。

入夜，拉脱维亚步兵师的几个团级指挥员由达尼舍夫斯基领着走进人民委员会主席接待室，齐刷刷地站在那里。

不多时，列宁从一个侧门走进接待室，他脸色因过度劳累显得有些苍白，眼里布满血丝，也不知有多少个晚上没好好睡觉了。

列宁同几位军人一一握了手，然后说：

“同志们，我知道你们都是好小伙子，是党的忠诚的坚强的战士！去吧，去把那些叛乱的左派社会革命党人毫不留情地消灭掉！”

一个军官大声地说：

“报告列宁同志，我们保证完成任务！”

深夜，苏维埃政府部队悄悄地包围了叛乱分子所在区域。

次日清晨，革命军队向左派社会革命党司令部发起猛烈炮击，敌人伤亡惨重。

中午，叛军司令部放弃抵抗，准备突围。

到下午4时，革命军队扫清所有叛军，并向苏维埃政府报告；叛乱彻底平定。

苏维埃政府随即发表通告：左派社会革命党人的叛乱阴谋被粉碎了！

许多人对叛乱惊疑不解：为什么左派革命党会走上公开武装叛乱的

道路？

列宁对此回答：他们忠于俄国民粹派思想体系，与马克思主义不同。

这次叛乱是反革命势力最“杰出”的一幕闹剧，此外，还有暗杀、爆炸、放火等许多恐怖活动。

著名的布尔什维克、出版委员沃洛达尔斯基和彼得格勒肃反委员会主席乌里茨基就是这期间被暗杀的。

1918年8月30日上午，列宁接到急电，得知乌里茨基被杀害了，他立即派全俄肃反委员会主席捷尔任斯基（差点在叛乱中被害）赶赴彼得格勒调查、处理这一案件。

下午，列宁要去米赫里逊兵工厂给工人做演讲。莫斯科委员会担心列宁会不安全，劝他放弃这次演讲。

列宁坚持要去，对劝阻他的人说：

“前线的将士们在流血，工厂里的工人们在流汗，我们每个人都应该担负起自己的责任。我们不要害怕恐怖事件，至于我的安危，同志们，我告诉你们，我蔑视他们！”

中午吃饭时，克鲁普斯卡娅把布哈林请到家里，让布哈林劝列宁放弃去演讲，可列宁却说：

“好像那里真有人等着要杀我，你们为什么搞得这么紧张啊。”

他甚至拒绝了妹妹玛丽亚陪他同去的要求，也没带警卫，悄悄地一个人就走了。

是的，他蔑视那些恐怖分子，他也根本没把自己的安危放在心上。

刺杀列宁是反革命势力早就想做的事，只是一直找不到机会。

这一次，社会革命党人听说列宁要去演讲，早安排好了杀手——一个心毒手狠的女人卡普兰。

这个狠毒女人还拉上她的男伙伴诺维科夫一起行动。

他们事先把子弹用毒药浸泡了，成为“达姆弹”，被这样的子弹击中，当时不死，也活不了太长时间。

列宁来米赫里逊兵工厂演讲的地点是在一个最大的手榴弹车间，这里聚集了数不清的工人。

这里没有讲台和座位，人们全站着，列宁就站在一个大机床上讲演。

列宁的声音在大车间里回荡：

我们当前的任务是：不要理会资产阶级强盗的无耻叫嚣，不要被一些恐怖事件吓倒，要相信自己的力量和智慧，全力以赴地进行革命工作！要相信我们团结起来的猛醒过来的工人阶级是能够战胜任何困难的，它的力量是无坚不摧的。

字字铿锵，掷地有声，震撼着在场的每一个人的心。甚至让杀手卡普兰的心也被撼动了，她插在衣袋里的握住手枪的手在微微颤抖着。

可是，她已经无法回头了，她的男伴、也是监视她的人向她发出了“下手”的暗示。

演讲完毕，整个车间沸腾了，掌声和欢呼声响成一片。工人们怀着依依难舍的心情簇拥着列宁离开车间……

突然，男凶手诺维科夫大步冲到列宁身旁，嘴里喊着“让列宁同志先走”，用手推开列宁身边的几个工人，似乎是在为列宁开道让路，实际上，他是为女凶手卡普兰制造一个开枪的机会。

卡普兰见时机已到，迅速掏出手枪，向列宁的胸前连开三枪。

列宁顿时倒在了血泊之中。

工人们震惊了，愤怒了，立即把狠毒的凶手卡普兰捉住了。

另一些工人迅速把列宁抬上汽车，护送回克里姆林宫的家中。

伤愈后的列宁在散步

家中的玛丽亚迎接进列宁，和工作人员一同把列宁放到床上躺好。司机立即开车去接克鲁普斯卡娅。

列宁这时神智好像清醒了，他对泪流满面的妹妹想说什么，却没说出来。

医生们迅速赶来，卧室变成了抢救室。一律人等被挡在了门外。

很快，克鲁普斯卡娅和人民委员会的委员们全都来了。他们在客厅里急切地等待着抢救结果。

克鲁普斯卡娅面无血色，不停地擦泪，一言不发。其他人都眼中含泪，神情肃穆。

终于，卧室的门开了，一个医生走出来，对克鲁普斯卡娅说：

“列宁同志让您进来。”

可是克鲁普斯卡娅竟站着没动——她的双脚怎么的也不听使唤了。

在医生的搀扶下，克鲁普斯卡娅走进卧室，来到床前，看见已经包扎完的列宁，轻泣道：

“伊里奇，你……真的还活着吗？”

列宁对妻子微笑一下，说：

“别担心，瞧，我这不挺好吗？那刺客的枪法糟透了，我有理由蔑视他们！”

那么，杀手的三枪都打在哪里了呢？

第一枪打中了右臂的肱骨，造成骨折。

第二枪射进了肩膀，子弹嵌入颈部前面皮下。

第三枪子弹打斜了，仅在列宁背后留下了一个罪恶的痕迹。

其实，列宁的伤势是很重的——医生竟然没检查出来子弹是浸过毒的“达姆弹”，忽略了。所以，一连几天列宁都没脱离危险。

列宁遇刺当天夜里，斯维尔德洛夫签署了列宁遇刺事件的通报。

通报号召工人阶级更加紧密地团结起来，用强有力的群众性的镇压对付革命的敌人，来回答敌人的谋刺。

经过几天的治疗，列宁终于脱离了危险，但仍有隐患在身，为了不使列宁肌体再受损伤，医生暂时没有取出他体内那颗子弹——而这却是一颗极其可怕的罪恶的子弹！

9月11日，闻知喀山战役大获全胜，列宁立即让妻子以他的名义发去贺电：

我热烈祝贺红军的辉煌胜利！

9月12日，列宁家乡辛比尔斯克解放了，红军第一集团军将士致电列宁：

亲爱的弗拉基米尔·伊里奇：我们收复了您的故乡，这是对您所受的一处枪伤的慰问，为了慰问第二处枪伤，我们还要尽快收复萨马拉！

列宁立即口述复电：

我的故乡辛比尔斯克的收复，是包扎我的伤口的一条最有效的最好的绷带，我顿时觉得精神极好，力量骤增。我祝贺红军战士的胜利，并代表全体劳动者对你们付出的一切牺牲表示感谢。

刺客卡普兰是9月3日被执行枪决的。

当列宁看到报上的这条消息，轻叹了一声，说：

“这不是她一个人的问题。”

战势危急

到1918年的下半年，国内战争的形势发生了转变，苏维埃俄国的红军由防守开始转向了进攻。

列宁的遇刺，对全国人民都是一个激励；前线将士更加勇敢杀敌，工人更加紧张生产，农民更加踊跃献粮。

就在列宁心情稍微轻松一点时，德国的“理论权威”考茨基又向马克思主义射出了恶毒的子弹，列宁感到他的心灵被击伤了。

他决定在百忙中抽出时间来回击考茨基。

考茨基的“恶毒子弹”，就是《社会主义的对外政策》一文，还有一本叫《无产阶级专政》的小册子。

在《无产阶级专政》中，考茨基一是歪曲了马克思主义最主要的东西——无产阶级专政学说；二是诽谤了俄国社会主义革命的经验，指责无产阶级专政是灾难的根源。

列宁在1918年9月就想动笔写作批考茨基的文章，怎奈重伤未愈，心有余力不足，连手都不听使唤，他就搜集资料，为写作做准备。

他有一天为查找一个资料急需看一本参考书，知道鲁勉采夫博物院图书馆里有，也知道那里借书的规则。他就写了便条让身边的人去借书，便条是这样写的：

如果按规则，参考书不准带回家，那么在晚上，在夜里，当图书馆下班的时候，可否借出？明早送还。

从这件小事可以看出列宁对自己要求多么严格。

10月初，列宁刚刚从重伤中“康复”——他以为康复了，能写东西了，可身躯仍十分虚弱。他完全是以坚强的意志强撑着开始写作《无产阶级革命和叛徒考茨基》一书。

可以想象他写得有多么艰难，但他不写，他的心会更难受。有时实在坚持不住了，他只好口述由别人笔录一段。

要知道，那颗“毒弹”仍然留在他的身体里。

《无产阶级革命和叛徒考茨基》一书11月10日脱稿，12月在莫斯科出版。次年在德国出版。随后，分别在保加利亚、英国、阿根廷、美国、拉脱维亚、法国和意大利出版。

列宁的声音很快传遍了欧美各国。

1918年11月13日，列宁刚写完《无产阶级革命和叛徒考茨基》一书，他就主持召开了全俄中央执行委员会，提出了单方面废除《布列斯特和约》的建议。

代表们都很兴奋，更加佩服列宁的远见卓识。

列宁是根据国际形势的急剧变化，知道德军在协约国的打击下已日趋退败，而德国国内又爆发了革命，所以才提出废除《布列斯特和约》，把丧失的利益重新夺回来。

列宁这一建议得到一致通过。

随后列宁亲自发布向德国进攻的命令，在红军和游击队的迅猛进攻下，德军几乎毫无抵抗之力，很快从所占领土仓皇退逃了。

列宁还预见到，德国及盟国很快就会败在协约国的手下，那时，协约国就会全力加强对苏维埃共和国的武装干涉，为此要动员一切人力物力来加强国防。

1918年11月30日，在列宁的提议下，苏维埃政府成立了工农国防委员会，列宁任委员会主席。

工农国防委员会把工业、运输、粮食等供应转变为战时体制，并负责训练新兵和增派生力军。总之，前线所需要的一切装备和供应等问题，都由国防委员会来调动。

到1918年的年底，苏维埃红军在击退了武装干涉者和叛乱分子的进攻后，又把乌克兰、顿河州、拉脱维亚、立陶宛、乌拉尔地区的大部分地区和几乎整个顿巴斯都从敌人手里夺了回来。

到1919年初，协约国的首脑们承认他们对苏维埃俄国的武装干涉失败了。但这些首脑们并不甘心失败，在战胜德国及盟国之后，他们商量怎么把苏维埃俄国、特别是苏维埃新生政权毁灭。

协约国的各国头子们商量来商量去，终于决定大力扶持俄国内部的白卫军，供给他们武器、服装和金钱。他们也想派联合大军进攻苏维埃俄国，但共同担心的问题是自己的军队可能会造反，并且也苦于向本国人民无法解释。

但这些头子们实在不愿意让苏维埃政府存活，支持俄国内战，就成了他们最高的一步棋。

在当时俄国有三支反动军队是主要力量，军队头子分别是高尔察克、尤登尼奇和邓尼金。

高尔察克是原海军上将，担任过俄国黑海舰队司令。后成为鄂木斯克反苏维埃政府的陆军部长。

在外国政府的鼓动支持下，1918年11月17日夜发动政变，宣称自己就是俄国“最高统治者”。高尔察克拥有三十万人的军队。

1919年3月4日，高尔察克的军队在东线转入进攻，把兵力少于自己的红军击退。

与此同时，尤登尼奇和邓尼金的军队也在伺机而动。

沙俄将军尤登尼奇1919年任西北集团军白卫军司令。

沙俄中将邓尼金从1918年4月起，在北高加索、顿河和乌克兰建立反革命白卫军统治，包括志愿保团军、顿河、哥萨克集团军和库班哥萨克集团军总计十五万多人。

1919年初，邓尼金成为南俄武装总司令。

内战继续，而且规模和紧张程度已达到了顶点。（这三支敌军是全新投入战斗，而红军与外国武装及叛军已拼得死伤惨重，有的地区仍在战斗。）

这三支敌军的参战，已经使红军的战线达到了六条，长达三千公里。

面对这样的危急战势，苏维埃政权内又开始了“窝里斗”。

有的反对派提出党内权力太集中，已出现了官僚，要求实行自下而上的民主。

有的反对派不同意列宁“民族自治”的思想，并与列宁展开辩论。

而军事反对派则反对中央的军事路线：认为没必要建立正规的红军和在军队中实行铁的纪律；没必要吸收旧的军事专家担任指挥职务；也没必要给政治委员更广泛的军事指挥权力。

斯大林就是“军事反对派”的核心人物，他主要针对的是托洛茨基。

4月10日，东线危急：高尔察克的大军已经逼近伏尔加河，其先头部队到达了距喀山和萨马拉八十公里的地方——东线红军在数倍于己的敌人面前只能全线后撤。

列宁立即主持召开人民委员会议，会议通过一系列支援东线的紧急措施，包括征召1886年到1890年出生的工人和农民加入红军的法令。

同日，列宁写了《为支援东线告彼得格勒工人书》，向人民群众说明东线危急的形势，号召动员人民支援东线，因为东线决定着革命的命运。

在列宁和政府的号召组织下，大批增援部队陆续开往东线。红军于4月28日转入反攻，在两个星期内就消灭了白卫军几个精锐师，把白卫军击退。不到一个月，俘虏白卫军两万五千多名，击毙者不计其数，东线危急已解。

列宁预见到东线白卫军会疯狂反扑，红军必须乘胜进攻，便电告东线红军：

> 如果我们在冬季以前不能收复乌拉尔，那我认为革命的灭亡就不可避免了。要全力以赴进攻！

东线红军严格执行了列宁的指示，乘胜进攻，一鼓作气，把白卫军赶进了乌拉尔山区。并在6月下旬，向乌拉尔进攻。

参加进攻的有第3、第2、第5集团军。经过十天的激战，高尔察克的白卫军被击溃了。

7月14日后，东线红军越过乌拉尔山脉，逼近西伯利亚。

乌拉尔的解放是红军在军事和政治上取得的一次巨大胜利，标志着国内战争一个重要阶段结束了（高尔察克军队尚有残部，已不是主要敌人）。

这时候另一个新的主要危险已经迫近了——邓尼金的南方军队。

见高尔察克军队在东线节节败退，协约国便大力援助邓尼金军队，从南方发动了大规模进攻。

5月4日，经过多天苦战，卢甘斯克城失守。

列宁获悉立即致电国防委员会驻南线红军特派员加米涅夫，让加米涅夫亲自检查加紧向卢甘斯克城和整个顿巴斯地区派援军。

列宁告诉加米涅夫：

“如果不在短时间内彻底肃清顿巴斯地区的敌人，我们无疑会灭亡。”

5月8日，列宁又代表党中央致电乌克兰人民委员会，紧急建议乌克兰国防委员会务必用一切力量迅速加强对顿巴斯的军事援助。

电报中还指令由安东诺夫和波德沃伊斯基两人负责对付马赫诺匪帮。

然而，红军在顿河流域遇到了巨大困难，叛乱已经扩展到顿河洲北部地区，对南线红军第8、第9集团军后方造成严重威胁。

特别是邓尼金军队的胜利助长了叛乱，叛军于5月又攻占了赫尔松城和尼古拉耶夫城。

由于后方遭到破坏，南线红军前后受敌，战斗力被严重削弱，致使邓尼金的骑兵突破第9集团军的阵地，于6月7日与叛乱的哥萨克军会师。

6月份，邓尼金的白卫军和叛军占领了整个顿巴斯、顿河州、克里木和部分乌克兰领土。

6月30日，红军在经过激战后又被迫放弃察里津。

6月30日，邓尼金下达了进攻莫斯科的命令。

随后，邓尼金的军队进入苏维埃共和国要害地区，向莫斯科逼近……

战争在继续

邓尼金的军队步步逼近莫斯科，形势万分危急！

1919年7月3日至4日，列宁主持召开了中央委员会全体会议。会议专门讨论了怎样战胜邓尼金的问题。

会议调整了最高军事指挥员：

任命加米涅夫为总司令；

任命伏龙芝为东方面军司令员；

任命叶戈里耶夫为南方面军司令员；

任命吉蒂斯为西方面军司令员。

成立了革命军事委员会，主席托洛茨基，委员有：古谢夫、加米涅夫、李可夫、斯克良斯基、斯米尔加。

列宁写了《大家都去同邓尼金做斗争》一文，向全党、全军和全国人民发出政治指示。

根据党中央会议上制定的作战计划，红军从南线开始了反攻。

担任主攻力量的是南方面军左翼——绍林的部队，攻击方向是新切尔卡斯克、顿河区和库班，接近敌人的根据地，占领哥萨克的中心。

哥萨克对于邓尼金军队具有极其重要的意义，列宁认为，无论是过去和现在，单是哥萨克就能使邓尼金拥有很大的力量。

担任助攻的是以南方面军副司令员谢利瓦乔夫为首的部队，攻击方面是库皮杨斯克，目的是援助苏维埃乌克兰。

红军的这次反攻进行了大约一个月，虽然阻挡住了敌人对莫斯科的进攻，却未达到预期目的。

俄共（布）中央从反攻失利的教训中得出两个结论：

第一，必须改进对南方面军的领导工作，加强对共和国军事委员会的监督。

第二，必须建立强大的骑兵部队，以便抵抗敌人的骑兵。

9月12日，邓尼金下令：进行全线总攻！

经过数日激战，敌军突破了库尔斯克防线，9月20日占领了库尔斯克。

与此同时，敌人什库罗白卫骑兵军团与马蒙托夫的骑兵军团会师，插入红军驻在沃罗涅日的第8、第9集团军中间。

10月1日，敌军又占领了沃罗涅日。

敌军的这些胜利迫使红军的南方面军重新退却。

苏维埃共和国最危急时刻来临了！

列宁当机立断，在9月21日至26日召开的中央全会上提出两点建议：一是向南线增派新的力量；二是调整南方面军最高指挥员。

根据中央全会意见，共和国革命军事委员会任命叶戈罗夫为南方面军司令员，斯大林为南方面革命军事委员会委员；任命绍林为东南方面军司令员，斯米尔加和特里米诺夫为东南方面军革命军事委员会委员。

10月，红军在奥廖尔等地与敌军展开激战。

10月13日，敌军占领奥廖尔并迅速向图拉推进。

图拉是红军的一个武器工业中心，并且是通向莫斯科的最后一个屏障。图拉如果失守，莫斯科就难守住了。

列宁在获悉奥廖尔失守后，又收到了彼得格勒危急的战报。

原来另一支白卫军尤登尼奇的军队于9月底转入进攻，于10月中旬占领红谢洛、加特契纳，并向前迅速推进，威胁到了彼得格勒。

列宁看完战报，在屋里踱了好几圈，然后提笔给军事委员会写了张便条，建议决不放弃图拉、莫斯科和彼得格勒，尽一切可能保卫国家心脏，此建议将提交政治局通过。

军事委员会立即向各地区下了死命令，根据列宁同志指示，死保祖国心脏！

10月14日，南线红军组成突击部队，把向图拉推进的敌军与奥廖尔拦腰切断，随后向奥廖尔发起猛攻。

敌军针对这一突变，立即暂停向图位推进，并集中大量兵力来对付红军的突击部队。

战斗异常激烈，在关键时刻，红军后续援军赶到，红军取得了一定的优势。

10月18日，第14集团军司令员乌博列维奇和集团军革命军事委员会委员奥尔忠尼启泽下达了攻占奥廖尔的作战命令。

经过两天的惨烈争夺战，红军重新夺回了奥廖尔。

列宁收到了奥尔忠尼启泽发来的简短电报：

“在奥廖尔向您致敬！”

很快，南线红军又取得了新的胜利：布琼尼的骑兵团与第8集团军配合，击溃了什库罗和马蒙托夫的骑兵军团，夺回了被占领的沃罗涅日。

列宁认为这次胜利是战争的一个转折点，他在10月24日讲话中指出：

“我们必须把小规模的局部的进攻转变为大规模的进攻，直到夺取最后的胜利。”

如何进行大规模进攻？后备力量如何支配？

对此，南方面军与东南方面军却发生了争执。南方面军认为自己是主要战线，坚决要求把后备军的主要部分交给他们；而东南方面军认为自己才是主要战线，要求主要后备军应由他们支配。

列宁主持召开了11月14日的中央政治局会议。会议讨论后决定：由两支方面军共同进攻和击溃敌军！

政治局委托革命军事委员会向总司令加米涅夫下达指示：占领库尔斯克并向哈尔科夫和顿巴斯推进；把从东线土耳其斯坦战线撤回的增援部队分配给两支方面军。

11月17日，红军夺回了库尔斯克。此后，两支方面军开始共同进攻，连续取得胜利，把一片又一片领土从敌军手里夺回来。

这期间，根据列宁的指示，彼得格勒战区已经以红军的最后胜利告终。

到1920年3月，邓尼金的军队全部被彻底击溃。邓尼金把权力转交给弗兰格尔，退出了政治舞台。

对于红军的胜利，红军总司令加米涅夫说，是列宁毫不动摇的镇静态度，给总司令部以巨大的支持。

而列宁却说，我们之所以能胜利，完全是因为工人和红军战士知道他们为什么而战。

不想战还得战

高尔察克、邓尼金、尤登尼奇失败了，可协约国的头子们还不死心，他们把主意打在了俄国的邻国波兰身上，并很快挑起了一场“苏波之战”。

1920年，列宁已经五十岁了，过度的劳累和伤病把他折磨得疲弱不堪，但他的精神很好。

他知道他的精神面貌，就是苏维埃政府的公众形象。

这年的3月底到4月初，俄共（布）召开了党的第九次代表大会，因为列宁的生日快到了，代表们打算为列宁祝寿。

在闭幕大会上，代表们表达了这一愿望，并且不想离去，列宁坚决反对任何对他的颂扬和吹捧，心里不高兴，又不好批评代表们，就提议共唱《国际歌》。

唱完《国际歌》，代表们仍不肯离去，有的开始发表祝贺讲话。列宁只得悄悄离开会场，回到自己的办公室，打电话催促大会主席赶快结束这种颂扬性的场面。

等到他过生日这天，莫斯科市委举行了庆祝会，邀请“寿星”到场，可列宁坚决不去，直到会议快结束时，他在众人的一再劝说下，才来到会场。

谁都没想到，列宁发表的讲话是给全党敲响警钟。他说，搞个人迷信，对某个人歌功颂德，只能使我们党变得骄傲自大，而后果是极其危险的！因为骄傲自大就是失败和衰落的前奏！

列宁是这样说，也是这么做的。他从不摆大国领袖的架子，有一次开会，他走进会场见台上的长条凳坐满了人，有人想站起来给他让座，他摆摆手，示意那人坐下，自己坐到讲台的台沿上，掏出笔记本，说可以开会了。这次会议，他就坐在那儿开完。

列宁过完五十岁生日的第三天，由协约国装备起来的波兰军队同俄国内部的佩特留拉军队一起，开始向乌克兰发起进攻——不宣而战！

波兰卷进战争，统治者是想夺取俄国的领土，扩大本国疆界，同时镇压国内的革命运动。最主要的还是有协约国在背后壮胆撑腰，以为苏维埃俄国经济遭到严重破坏，军队也打得筋疲力尽，自己能够在战争中获胜。

就这样，苏维埃俄国不想战还得战，并且必须要求得胜利。

列宁对波兰早就有防备，曾经给托洛茨基致电，说："要防止波兰人打过来。"

但作为革命军事委员会主席的托洛茨基和总司令部都低估了波兰和白卫军进攻的危险性。

3月25日，托洛茨基还在会议上说：

"西方战线没有独立的意义。协约国对我们的军事打击已经失败，他们再能使的招数只能是经济封锁了。"

所以，当波兰军队开始进攻时，红军并未按列宁的指示完成迎击准备。

战争爆发后，列宁在4月26日主持召开了中央政治局会议，讨论制订了对敌作战计划：

一、为了阻止敌军在乌克兰的推进，从高加索方面抽调大批部队增援西南方面军。

二、西方面军在波列西耶以北进行主攻，西南方面军对准布列斯特方面辅攻。

5月5日，在莫斯科中心剧院广场举行了盛大阅兵式，列宁检阅了莫斯科自卫部队。

在阅兵式前，列宁在广场上对开往波兰战线的红军将士发表了演讲。将士们深受鼓舞。

5月6日，波兰军队攻占了基辅。

5月14日，红军首次进攻，目的是阻止敌军向乌克兰腹地推进，破坏敌军进攻白俄罗斯的计划。这次进攻，把战线向西推移了近二百公里。

红军第一次进攻虽未达到预期目的，却迫使敌军用上了预备队并最终放弃了对乌克兰腹地的攻势，同时为西南方面军准备进攻赢得了时间。

5月18日，中央政治局任命斯大林为西南方面军革命军事委员会委员。

5月26日，西南方面军开始进攻。进攻最初没有成功。

6月5日，西南方面军的部队突破了敌人防线并急速向西推进，到6月12日，夺回了乌克兰首都基辅。

到7月11日，红军又收复了白俄罗斯的首都明斯克。

波兰的首脑们顿时惊慌失措，赶紧向协约国求援。英国外交大臣寇松立即照会苏维埃政府，建议苏波停战，条件是波兰撤到巴黎和会给划定的边界。

寇松还建议苏维埃政府同弗兰格尔（邓尼金残部）签订停战协定，条件是弗兰格尔军退到克里木。

列宁对寇松照会的态度非常明确，他说：

“这是个大骗局！他们的目的是要兼并克里木！”

于是致电斯大林猛烈加强攻势。

到了7月，红军已经很疲惫了，急需补充兵员、弹药和武器。

而这时，弗兰格尔的白卫军开始了新的进攻，波兰军队也在准备新的预备队。

但是，苏维埃革命军事委员会、总司令部及各方面军司令部过高地估计了红军的实力，认为三周内可以占领波兰首都华沙。

在这种情况下，西南方面军决定把主攻方向转移到加里西亚境内，而总司令部批准了这一作战计划。

这样一来，西南方面军和西方面军就分开了，在不同的两个方向进攻，从而削弱了攻击力量。

尽管打得十分艰苦，英勇的红军还是在7月底全部收复了白俄罗斯和乌克兰的领土，逼近了波兰边境线。

这时国内局势又变得严重了：弗兰格尔军的危险日益加剧，各地的暴乱正在可怕的蔓延。

8月2日，政治局一致通过决议：

把弗兰格尔战线划为独立战线，把西南战线克里木划分出来成立独立的南方面军，并委托斯大林组织这个方面军的革命军事委员会。

谁知，斯大林不同意中央的意见，认为政治局对战场上的事管得太细了，应该全力打击波兰军，而不要把弗兰格尔看得太重！

列宁接到斯大林复电，再次电告斯大林，鉴于弗兰格尔的危险不断增加，必须按中央决议行事。

这时，红军前线指挥员的意见也发生分歧，西方面军决定让主力从北面绕过华沙，再发起对华沙的进攻。

同时，总司令部得到情报，波兰军队准备攻击红军力量较弱的侧翼防线莫济里部队。于是，向西方面军指出了这一危险性。

可西方面军不同意司令部的意见，继续向前进攻，实施进攻华沙的战略，并未加强莫济里部队的侧翼防线。

8月17日，波兰军队发动反攻，突破了莫济里军的防线，迫使西方面军由进攻转入后退。进攻华沙战役宣告失利。

列宁在去看望国际主义资深运动家蔡特金时说，我们眼看取得了最后的胜利，可是没有，因为我们的先锋队没有得到任何后援，他们缺少装备，甚至吃不饱，而那些波兰人不把我们红军看成是兄弟和解放者，而希望我们的战士饿死，或在他们能够的时候把我们打死。

红军兵败华沙，使列宁痛下与波兰讲和的决心。

10月12日，苏波共同签订了《关于停战及实现和平的初步条件和条约》。

摆脱了波兰之后，红军全力打击弗兰格尔军队和暴乱分子，终于在11月16日彻底击溃了弗兰格尔军并平暴成功。

至此，除了远东还有日本武装干涉外，其他武装干涉和叛乱的主要力量已被红军摧毁。

历史的选择

1922年11月5日至12月5日，召开了“第三国际”第四次代表大会。

大会开幕式在彼得格勒举行，从11月9日起改在莫斯科。

11月13日，列宁要在大会上发表讲演，他进入会场时，代表们全都起立，热烈鼓掌，响起几十种语言的喊声：

“列宁万岁！”

列宁看见主席台上患病的、坐着轮椅的蔡特金，就走到她面前，亲切地向她问好。

蔡特金握住列宁的手，把他拉到跟前，热烈地吻他。

这件事突如其来，而且面对台下千百双眼睛，列宁有点不好意思，脸也红了。

而会场却报以暴风雨般的掌声和欢呼声，所有人都知道，蔡特金的这一吻，包含了太多太多的内容……

“第三国际”是1919年3月上旬，由列宁亲自创立的。

列宁写的《关于资产阶级民主和无产阶级专政的提纲》，经大会通过作为“第三国际”的政治纲领。

“第三国际”的成立国际意义十分巨大，它为各国无产者从思想上和组织上联合起来奠定了基础。

列宁在论述第三国际的历史地位时写道：

> 第一国际为国际无产阶级争取社会主义的斗争奠定了基础。第二国际是为这个运动在许多国家广泛的大规模的开展准备基础的时代。第三国际接受了第二国际的工作成果，清除了它的机会主义的、社会沙文主义的、资产阶级和小资产阶级的脏东西，并已开始实现无产阶级专政。

1920年7月19日，第三国际第二次代表大会在彼得格勒举行开幕式。

高尔基参加了开幕式，大会由列宁理所当然唱主角。

当大会正在确定议程和规则时，列宁突然站起身、急匆匆走下主席台，奔向会场后排，人们不知道发生了什么事，目光“刷”的一下追过去。

列宁走到一个穿着破旧的老工人模样的人前，激动地握住老工人的手，说：

“你是舍尔古诺夫同志吧？你的眼睛？”

老工人摸索着紧紧地握住列宁的手，说：

“列宁同志，您好，我是舍尔古诺夫……”

列宁猛地把舍尔古诺夫拥抱在怀里，说：

“我代表全党向您问好！”

然后，他对全场人大声说：

“同志们，这位舍尔古诺夫同志是我最初来彼得格勒时的老战友，他多次被捕、被流放、被残害得双目失明了！但是他的革命信念没有动摇，他就是我们党的榜样！”

1921年6月22日晚，第三国际第三次代表大会在莫斯科大剧场大厅开幕。

列宁被选为代表大会名誉主席。

中国共产党的代表瞿秋白出席了这次代表大会。

是的，列宁为第三国际做出了巨大贡献，蔡特金的吻就是对他最好的奖赏。

列宁致力于共产国际工作，这表明他不仅心系本国人民，还心系全世界无产者和劳动者，正如高尔基说的，他一生的基本目标就是全人类的幸福。

到1920年的年底，大的战争基本结束了，经过四年世界大战，三年的国内战争和外国武装干涉，俄国的经济已经遭到严重的破坏。

列宁并未感到丝毫轻松，他立即开始着手抓“新经济政策”的工作，在1920年12月全俄苏维埃“八大”会议上，他提出了恢复并改造全国国民经济的计划，也就是建立社会主义经济基础的计划。

列宁特别强调了电气化在建设社会主义和共产主义中的巨大意义。他说：

“共产主义就是苏维埃政权加全国电气化。”

列宁要全心全意地搞经济建设，可党内托洛茨基派却挑起了工会问题的争论，甚至迫使党去争论工会在遥远的将来是否存在的问题。

列宁从来不怕争论，也不回避争论，但他不愿做无谓的争论。他说这本来是可以留给孩子去解决的问题，我们为什么要在这上面浪费时间去争论呢。

他愤慨地指出：现在我们已经到了从虚构和夸大原则分歧转到实际工作上来的时候了。他批评一些干部说：

应当少说空话，多搞一点经济。当前的政治就是从事国家的经济建设，收获更多的粮食，供应更多的煤炭，解决更恰当地利用这些粮食和煤炭的问题。

战争的灾难之后，又发生了旱灾。

1920年和1921年连续的干旱使十个省农业歉收。列宁领导全党和广大群众为战胜饥荒而斗争。

他指出，自然灾害说明农业落后，抗灾能力不强。要加强培养农业专家，不断更新农业技术装备。

对科学的发展，列宁认为是恢复和发展生产、提高生产率的关键。因此，他热情地支持当时一批著名的科学家如巴甫洛夫、古布金、米丘林、茹柯夫斯基等人的研究工作。

他还亲自提出，给巴甫洛夫院士提供他从事科学工作所必需的一切条件，并出版他的著作。

列宁重视社会主义的文化教育事业，关心文学艺术的繁荣和发展。

他常到小学校访问，还到大学做讲演。

列宁对腐败深恶痛绝，从1921年8月到1922年3月，根据他的建议，俄共中央委员会通过清党决议，把十五万九千三百五十五人清除出党。

他对自己要求非常严格，一次办公厅主任未经过他，把他每月薪金从五百卢布涨到八百卢布，他知道后，以办公厅主任直接破坏了有关规定为名，宣布给予严重警告处分。

他更不搞特殊化，有年冬天的夜晚，他来到波德索尔涅奇诺耶火车站，想乘火车回到莫斯科，不巧的是客车已经没有了。

车站就向交通人民委员会请求如何才能让列宁当晚回到莫斯科。

交通人民委员会主张立即派一个火车头带一节车厢送列宁，但列宁断然拒绝，而是搭乘四十分钟后的一趟货车回到了莫斯科。

列宁夫妇与友人合影

列宁对自己的生活从来马马虎虎，不讲究吃穿，不注意身体，对别人却关心备至。

有个医生叫科热夫尼科夫很想到克里姆林宫城墙上观看五一节游行队伍和检阅式，列宁知道后，满足了医生的要求。他在城墙上见医生穿得少，把自己的皮大衣亲自给医生披上，感动得医生热泪盈眶，一句话也说不出来。

还有一个农民，叫切库诺夫，为了上访的事找到列宁。

列宁听完农民的汇报，让农民把他所讲的好好写出来，然后拿到《贫农报》上发表。

切库诺夫却犹豫了，说：

“列宁同志，我怕完不成这个任务。”

列宁问：

“为什么？你不会写字吗？”

切库诺夫说：

“我在路上把眼镜丢了，在市场上又买到了一个破烂货……”

列宁立即叫来秘书，说：

“请转告卫生人民委员谢马什柯，明天一定要给切库诺夫同志配一副好眼镜。”

等秘书和切库诺夫走后，列宁还有不放心，就又给谢马什柯写了个便条：

尼古拉·亚历山德罗维奇：

伊万·阿法纳西耶维奇·切库诺夫同志正在我这里，他是一个很有趣的农民，他用自己的方式来宣传共产主义原理。他把眼镜丢了，花一千五百卢布又买了一副破烂货！能不能帮他弄到一副好眼镜？务请帮忙，并请您的秘书告诉我，是否办到了。

1920年，列宁领导抗击外国武装干涉及国内叛乱，基本结束战争。1922年，列宁重病期间口授《政治遗嘱》。1924年1月21日晚病逝莫斯科郊区哥尔克村。